SO SCHMECKT DAS LEBEN!

Bibliografische Information der Deutschen Bibliothek
Die Deutsche Bibliothek verzeichnet diese Publikation in der Deutschen Nationalbibliografie; detaillierte bibliografische Daten sind im Internet über http://dnb.ddb.de abrufbar.

1. Auflage 2006

Redaktion: Susanne George
Produktion: Susanne Beeh
Umschlaggestaltung, Grafik und Satz: Christa Marek, Köln
Titelfoto: © Cornelis Gollhardt, Köln/Stephan Wieland, Düsseldorf
Foodfotos und Stills: Michael Wissing BFF
Assistenz: Joss Andres
Alle übrigen Fotos: Cornelis Gollhardt, Köln/Stephan Wieland, Düsseldorf
Foodstyling: Andreas Neubauer:
Printed in Germany
ISBN 3-901488-89-8
[Ab 01.01.2007: ISBN 978-3-901488-89-8]

Besuchen Sie unsere Homepage:
www.aerzteverlagshaus.at

JOHANN LAFER, als Sternekoch und Pâtissier vielfach ausgezeichnet, genießt auch als Autor diverser erfolgreicher Kochbücher große Beliebtheit. Zudem tritt er häufig im Fernsehen auf, so z. B. bei Johannes B. Kerner im ZDF. 2006 erhielt er den Orden als „Bester Koch im deutschen TV".

UNIV.-PROF. DDR. ROBERT GASSER ist Spezialist für gesunde Ernährung, Prävention von Herz-Kreislauf-Erkrankungen und Anti-Aging. Zu diesen Themen hat er zahlreiche Ratgeber verfasst, darunter den Bestseller Die *Kreta-Diät* in Zusammenarbeit mit Johann Lafer.

UNIV.-PROF. DR. HELMUT BRUSSEE ist als Facharzt für Kardiologie und Sportmedizin in der kardiologischen Abteilung des Universitätsklinikums Graz tätig.

JOHANN LAFER
UNIV.-PROF. DR. HELMUT BRUSSEE
UNIV.-PROF. DDR. ROBERT GASSER

SO SCHMECKT DAS LEBEN!

Gesunde Küche für Genießer

VERLAGSHAUS DER ÄRZTE

JOHANN LAFER

Johann Lafer
JOHANN LAFER
www.johan
Johann Lafer

VORWORT

Kann man die Lust am Genießen mit einer rundum gesunden Küche verbinden? Man kann! Den Beweis liefert dieses Buch, das in Zusammenarbeit von zwei Medizinern und einem Meisterkoch entstanden ist. Schließlich verfolgen der Koch und der Mediziner ähnliche Ziele: Sie wollen für das Wohl des Menschen sorgen. Der Koch kümmert sich um das leibliche Wohl: Das Essen soll den Gaumen erfreuen, der Gast soll nach dem Genuss eines Gerichts oder auch umfangreichen Menüs ein Gefühl der Zufriedenheit verspüren und sich wohl fühlen. Der Mediziner wiederum möchte dasselbe erreichen, allerdings auf lange Sicht: Er ist um das dauerhafte Wohlbefinden des Menschen in allen Lebensabschnitten bemüht. Zum einen will er Krankheiten und Schmerzen vermeiden, zum anderen ist es seine Intention, Beweglichkeit, Vitalität und Lebensfreude bis ins hohe Alter zu erhalten. Für den Mediziner ist der Schlüssel zum Erreichen dieser Ziele die Vorsorgemedizin.

Vorsorgemedizin beruht im Wesentlichen auf vier Säulen: Ernährung, Lebensfreude, Bewegung und ärztliche Vorsorgeuntersuchungen. Dass Ernährung für die Gesundheit eine zentrale Rolle spielt, ist keine Entdeckung der modernen Medizin. Bereits die Ärzte der Antike gaben in erster Linie Anweisungen im Hinblick auf den Lebensstil, um Krankheiten vorzubeugen oder bestehende zu heilen. Seit den Anfängen der Medizin galten in allen Kulturen ärztliche Empfehlungen vielfach einer gesunden Küche, im alten China ebenso wie bei den tibetischen und arabischen Ärzten. Im alten Ägypten waren Linsen, Kohl, Zwiebeln und Knoblauch nicht nur Nahrungs-, sondern auch Heilmittel. Und die Haussa im Norden Nigerias setzen noch stets Cashewnüsse, Zwiebeln, Knoblauch, Hirse, Auberginen, Pfefferschoten, Zitrusfrüchte, Melonen, Feigen, Mangos und Ingwer bewusst als Heilpflanzen ein.

Schon Hippokrates bezeichnete in seinen Ernährungsratschlägen Olivenöl als flüssiges Gold und mahnte eine leichte Kost an: „Eure Nahrungsmittel seien eure Heilmittel und eure Heilmittel sollen eure Nahrungsmittel sein", pflegte er zu sagen und erreichte selbst ein für die damalige Zeit „biblisches" Alter von 83 Jahren. Der römische Feinschmecker Apicius wiederum verfasste vor zweitausend Jahren ein Buch über gesundheitsbewusste Küche, das in seinen Kernaussagen unserer modernen Ernährungsmedizin kaum nachsteht. Wir sind also wahrlich nicht die Ersten, wir werden auch nicht die Letzten sein. Gleichwohl haben in jedem Zeitalter die Menschen ihre eigenen Gepflogenheiten und ihr eigenes Verständnis von Ernährung und Gesundheit.

Das 21. Jahrhundert ist geprägt vom Anspruch auf Wissenschaftlichkeit. Das heißt, wenn es um Empfehlungen aus medizinischer Sicht geht, steht die Kenntnis der biochemischen und physiologischen Hintergründe an erster Stelle. So konnten groß angelegte Studien tatsächlich belegen, dass bestimmte Ernährungsformen einen günstigen Einfluss auf verbreitete Krankheitsbilder haben, wie zum Beispiel die Folgeerscheinungen der Arteriosklerose oder Krebserkrankungen. Andere Studien haben aber auch bewiesen, dass so genannte Einzelinterventionen, das heißt das Verabreichen eines einzelnen Nahrungsmittelanteils (z. B. eines Vitamins) in relativ hoher Dosierung, nicht den gewünschten Erfolg brachten. Herz- und Kreislaufspezialisten waren sehr enttäuscht, als sich an tausenden Patienten zeigte, dass die zusätzliche Verabreichung von Vitamin E und C keinen herzschützenden Effekt hatte und Beta-Carotin sogar das Krebsrisiko erhöhte. Langsam, aber sicher führten diese Erkenntnisse in den letzten Jahren zu einem Paradigmenwechsel: Im Sinne der gesundheitlichen Wirkung von Nahrungsmitteln geht es offenbar nicht um die gezielte Verabreichung von Einzelsubstanzen wie in der Pharmakologie, sondern um den Effekt und das Zusammenspiel zahlreicher verschiedener Komponenten, wie Vitamine, Antioxidantien, Spurenelemente und Ballaststoffe, die wir zu uns nehmen.

Um dies zu veranschaulichen, scheint der Vergleich mit einer Hausrenovierung geeignet. „Baustelle Körper" – ständig wird irgendwo etwas repariert, Altes abgebaut, durch Neues ersetzt. Wissenschaftler haben errechnet, dass sich der Organismus etwa alle zwölf bis vierzehn Jahre vollkommen erneuert, auf zellulärer wie auf molekularer Ebene. Auf- und Abbau, An- und Zubau, all dies erfolgt exakt nach den Anweisungen, die in unseren Genen vorgegeben sind. Und die Baustoffe für dieses erstaunliche Gebäude stammen aus der täglichen Nahrung. So betrachtet wird es verständlicher, warum es keinen Sinn macht, der Baustelle große Mengen eines bestimmten Stoffes zusätzlich zuzuführen – etwa tonnenweise Kupfer für Stromkabel oder ganze Lastwagenladungen voller Kalkfarbe –, denn ein Zuviel ist genauso wenig von Nutzen wie ein Mangel. Vielmehr lautet die Devise: von allem in ausreichendem Maße und von allem in bester Qualität.

Es gibt allerdings auch Erkrankungen, bei denen bestimmte Nahrungsmittel und deren Inhaltsstoffe vermieden oder nur in geringem Maße verzehrt werden sollten. Als Beispiel seien hier die Zuckerkrankheit oder der Herzinfarkt angeführt. Wir wissen heute sehr genau Bescheid über die pharmakologische Wirkung von Stoffen, die in bestimmten Nahrungsmitteln enthalten sind. So kann man durch gezieltes Weglassen oder aber Einsetzen von Nahrungsmitteln (z. B. Olivenöl und Meeresfisch zur Infarktvorbeugung) bei vorhandenem

Risiko besser gegen eine bestimmte Erkrankung vorbeugen. Versucht man Inhaltsstoffe in Nahrungsmitteln zu konzentrieren, um eine pharmakologische Wirkung zu erhalten, fällt dies unter den Begriff „Functional Food“ und „Nahrungsmittelergänzung“, deren Wert jedoch umstritten ist.

Es ist zweifellos spannend und wertvoll zu wissen, welche Inhaltsstoffe und Wirkungen bestimmte Nahrungsmittel besonders auszeichnen. Diese Kenntnisse befähigen uns, den mächtigen Baumeistern unseres Körpers, den Genen, die geeignetsten Materialien zur Verfügung zu stellen, um verborgene körperliche sowie geistige Kräfte zu mobilisieren und mit stabiler Gesundheit ein hohes Lebensalter zu erreichen – anders und mit einem Schlagwort der heutigen Zeit ausgedrückt: im Sinne eines Anti-Aging aktiv zu werden. Besondere Aufmerksamkeit gebührt in diesem Buch den Phytochemicals, auch „sekundäre Pflanzenstoffe“ genannt, die auf vielfache Weise positiven Einfluss auf den menschlichen Organismus haben. „So schmeckt das Leben!“ möchte dazu beitragen, die in der Forschung gewonnenen Erkenntnisse bekannt zu machen und auf genussvolle Weise umzusetzen.

Eigentlich gehört gar nicht so viel dazu, um sich dieses Wissen anzueignen. Man nehme einfach dieses Buch zur Hand: Es enthält Rezepte vom Meisterkoch Johann Lafer, die kulinarischen Genuss garantieren und uns zugleich mit allem versorgen, was unserer Gesundheit dient, Fotos, die größte Lust machen, die vielfältigen Gerichte zuzubereiten, und informative Texte über das, was Sie schon immer über gesunde Küche wissen wollten. In einem Glossar am Ende des Buches werden zudem einige Fachbegriffe erklärt.

In diesem Sinne: Viel Spaß beim Blättern, Anschauen, Lesen und Zubereiten – und guten Appetit!

Prof. Robert Gasser
Prof. Helmut Brussee

GESUNDE KÜCHE – DIE BESTANDTEILE DER ERNÄHRUNG

Jedes Nahrungsmittel, egal, ob pflanzlichen oder tierischen Ursprungs, enthält eine sehr große Anzahl von Einzelbestandteilen, die der Körper der Nahrung entzieht und, in welcher Form auch immer, für seinen Aufbau beziehungsweise für seine Funktionen nutzt. Grundsätzlich enthält unsere Nahrung: Fette, Eiweiße, Kohlenhydrate, Ballaststoffe, Vitamine, Mineralstoffe und Spurenelemente sowie Phytochemicals, auch „sekundäre Pflanzenstoffe" genannt.

Wir brauchen die Vielfalt, die Kombination der einzelnen Nahrungsmittelbestandteile – und wir brauchen das richtige Maß, wie sich am Beispiel des Cholesterins sehr schön veranschaulichen lässt. Der Fettstoff Cholesterin ist ein unverzichtbarer Baustein für unseren Körper, für Hormone, Zellwände und Botenstoffe. Doch zu viel davon schädigt die Wände der Gefäße, führt zu Verkalkungen und lässt sie vorschnell altern, sodass wir anfälliger werden für eine ganze Reihe von Krankheiten vor allem im Bereich Herz und Kreislauf. Die Dosis und die Mischung bei den einzelnen Bestandteilen unserer Ernährung ist also ausschlaggebend – und natürlich die Qualität –, ob wir den Alterungsprozess durch Nahrungsmittel bremsen oder beschleunigen.

„Alle Dinge sind Gift, und nichts ist ohne Gift; allein die Dosis macht, dass ein Ding kein Gift ist." Dieser berühmte Ausspruch von Paracelsus hat nichts von seiner Gültigkeit eingebüßt.

FETTE

Fette lassen sich in zwei Gruppen einteilen, je nachdem, ob sie eher ungesättigte oder eher gesättigte Fettsäuren enthalten. Der Körper braucht beide Arten, allerdings enthält unsere Nahrung ohnehin reichlich gesättigte Fettsäuren – darauf brauchen wir also nicht zu achten. Umso mehr dafür auf die ungesättigten Fettsäuren. Fette mit einem hohen Anteil ungesättigter Fettsäuren kann man als „gesund" bezeichnen, zumal der Körper sie nicht selbst bilden kann und sie daher auch als essentielle Nahrungsbestandteile zu betrachten sind. Zu erkennen sind diese Fette leicht: Sie sind bei Raumtemperatur flüssig, es handelt sich also um Öle.

Ungesättigte Fettsäuren bewirken viel Gutes, auch im Sinne eines Anti-Aging. Alles in allem wirken sie schützend auf das Herz-Kreislauf-System und unterstützen den Aufbau von Gewebshormonen, die sich positiv auf den Gefäßtonus und hemmend auf Entzündungsprozesse sowie Blutgerinnung auswirken.

Außerdem heben sie den Anteil des „guten" Cholesterins (HDL-Cholesterin). Bei den ungesättigten Fettsäuren sind wiederum zwei Typen zu unterscheiden: einfach ungesättigte Fettsäuren, die in Oliven- und Rapsöl (Canolaöl) sowie Avocados und Nüssen reichlich vorkommen, sowie mehrfach ungesättigte Fettsäuren, die sich vermehrt in Maiskeim-, Sonnenblumen-, Soja- und Distelöl finden.

Besonderes Augenmerk im Hinblick auf Alterungsprozesse des menschlichen Organismus sollte auf die Omega-3-Fettsäuren gelenkt werden – eine spezielle Art ungesättigter Fettsäuren. Sie sind vor allem in Soja-, Raps- und Leinsamenöl sowie Nüssen und fettem Meeresfisch enthalten. In Studien konnte nachgewiesen werden, dass sie eine erstaunlich starke Schutzwirkung für das Herz-Kreislauf-System besitzen und auch zum Beispiel entzündliche Erkrankungen oder Autoimmunerkrankungen sehr positiv beeinflussen können. Insgesamt schlägt sich das in einer deutlichen Senkung der Rate von Herz-Kreislauf-Erkrankungen und einer längeren Lebensdauer nieder.

EIWEISSE

Eiweiße oder Proteine sind die wichtigsten Struktur- und Funktionsstoffe des Lebens. Sie werden vom Körper nach den Bauplänen der Gene aus Aminosäuren hergestellt. Wie bei den Fetten gibt es auch bei den Aminosäuren solche, die der Körper selbst produzieren kann, und solche, die er mit der Nahrung aufnehmen muss. Letztere heißen „essentielle Aminosäuren". Zu diesen gehören: Isoleucin, Leucin, Lysin, Methionin, Phenylalanin, Threonin, Tryptophan und Valin. Des Weiteren gibt es die „halb-essentiellen Aminosäuren" (Arginin, Histidin, Tyrosin und Cystein), die unter bestimmten Bedingungen die essentiellen Aminosäuren ersetzen können, aber auch wie diese manchmal zugeführt werden müssen. Arginin zum Beispiel, das unter anderem das Immunsystem unterstützt, kann von stillenden Müttern und Erwachsenen mit Leberkrankheiten nicht ausreichend synthetisiert werden.

Die besten Quellen für essentielle Aminosäuren sind Fleisch, Fisch, Geflügel, Eier, Milch und Milchprodukte, und zwar vorzugsweise magere. Auch Pflanzen können ausgezeichnete Eiweißquellen sein, vor allem Hülsenfrüchte und Sojabohnen, aus denen Tofu hergestellt wird.

Mit fortschreitendem Alter ist beim Eiweißanteil der Ernährung Folgendes zu beachten: Er darf ruhig etwas höher sein, soll es sogar. Denn insgesamt sinkt der Energiebedarf, während der Eiweißbedarf jedoch gleich bleibt. Das heißt also: Für eine optimale Versorgung des Körpers müssen wir anteilsmäßig etwas mehr Eiweiß zu uns nehmen.

KOHLENHYDRATE

Kohlenhydrate sind vor allem als Energielieferanten zu sehen – und mit zunehmendem Alter daher mit wachsamem Auge zu beobachten. Wir kennen Kohlenhydrate in zwei grundlegend verschiedenen Formen, nämlich als Zucker und als Stärke. So unterschiedlich diese beiden Lebensmittel auch wirken, bestehen sie doch aus den gleichen Grundbausteinen, nämlich Zuckermolekülen. Stärke muss im Körper erst in diese Bausteine zerlegt werden. Stärkehaltige Lebensmittel werden dementsprechend auch als „langsame" Kohlenhydrate bezeichnet, Zucker dagegen als „schnelle".

Kohlenhydrate sollen annähernd die Hälfte der Kalorienaufnahme ausmachen, wobei wiederum den langsamen, das heißt komplexen Kohlenhydraten eindeutig der Vorzug zu geben ist. Dafür sprechen mehrere Gründe: Sie schonen den Körper, liefern in Vollkornprodukten zusätzlich wertvolle Ballast- und andere Inhaltsstoffe und sind daher gesünder beziehungsweise im Sinne eines Anti-Aging zu verwenden. Einer der Hauptgründe: Sie helfen, Insulin zu sparen. Dieses Enzym der Bauchspeicheldrüse spielt eine Schlüsselrolle bei der Verdauung von Zucker, und das im wahrsten Sinne des Wortes.

Wir alle kennen den Begriff „Blutzucker", dessen Gehalt rasant ansteigt, wenn wir Süßigkeiten zu uns nehmen. Nun muss der Zucker so rasch wie möglich wieder aus der Blutbahn entfernt werden, denn aufgrund biochemischer Reaktionen schädigt er Gefäße und kann damit zu Beeinträchtigungen vieler Körperfunktionen und -strukturen führen. Und hier kommt das Insulin ins Spiel, das gleichsam die Körperzellen öffnet, damit sie den Blutzucker „aus dem Verkehr ziehen", verarbeiten und bis zu einem gewissen Grad auch speichern. Ein schneller Anstieg des Blutzuckerspiegels erfordert also in kurzer Zeit viel Insulin – das jedoch von der Bauchspeicheldrüse erst gebildet werden muss. Dabei wird sie in hohem Maße beansprucht, wie auch durch einen konstant überhöhten Blutzuckerspiegel, was dazu führen kann, dass die Bauchspeicheldrüse nicht mehr funktioniert. Daraus resultiert eine chronische Krankheit: Diabetes Typ-2. Abgesehen von einer empfindlichen Einbuße an Lebensqualität bringt Diabetes ein großes Risiko für eine Reihe von Folgeerkrankungen mit sich und letztlich auch eine dramatische Verringerung der Lebenserwartung. Ein Lebensstil, der durch hohen Zuckerkonsum das Risiko für eine Diabetes-Erkrankung erhöht, ist also das absolute Gegenteil von einer auf Anti-Aging ausgerichteten Lebensführung.

Außerdem: Wenn der Blutzuckerspiegel rasant steigt, fällt er auch rasant wieder ab, und zwar weit unter das normale Niveau. Die Folge ist ebenso bekannt wie unerfreulich, nämlich Heißhungerattacken. Jeder weiß, was diese für das Gewicht bedeuten – und Übergewicht wiederum ist etwas, das man tunlichst vermeiden sollte, denn es ist der vielleicht wichtigste Wegbereiter für lebensverkürzende und der Lebensqualität äußerst abträgliche Krankheiten.

BALLASTSTOFFE

Als Ballast- oder Faserstoffe werden nicht verdaubare Anteile von üblicherweise pflanzlichen Nahrungsmitteln – vor allem Vollkornprodukten – bezeichnet. Wenn auch vom Körper kaum direkt verwertet, spielen sie doch eine bedeutende Rolle für das Funktionieren der Verdauung und damit auch für das Wohlbefinden. Doch sie halten nicht nur den Verdauungsvorgang in Schwung, sondern es ist auch bewiesen, dass Ballaststoffe den Cholesterin- und Blutzuckerspiegel günstig beeinflussen. Gesichert ist zudem, dass eine ballaststoffreiche Ernährung das Risiko von Dickdarmkrebs verringert.

VITAMINE

Vitamine sind Substanzen sehr unterschiedlicher chemischer Natur, die der Körper in kleinen bis kleinsten Mengen – aber das unbedingt – braucht, um verschiedenste Stoffwechselvorgänge durchführen zu können. So ist zum Beispiel Vitamin A unabdingbar für Sehvermögen und Zellwachstum, die Vitamine der B-Gruppe sind unter anderem wichtig für Nerven, Haut und Blutzellen, Vitamin K wird bei der Blutgerinnung benötigt, und Vitamin D fördert den Kalziumstoffwechsel und kräftigt damit Knochen, Zähne, Sehnen und Bänder. Vitamin C, auch bekannt unter der chemischen Bezeichnung Ascorbinsäure, ist unter anderem bedeutsam für die Bildung des Strukturproteins Kollagen, also das Binde- und Stützgewebe, für den Eisenstoffwechsel und die Wundheilung.

Mit zunehmendem Alter lässt die Aufnahmefähigkeit des Körpers für Vitamine nach, es gilt folglich, auf eine ausreichende Zufuhr zu achten. Im Allgemeinen kann dies mit einer ausgewogenen Mischkost erreicht werden. Zu beachten ist dabei, dass wasserlösliche Vitamine nicht gespeichert werden können und daher täglich zugeführt werden müssen. Dazu gehören zum Beispiel Vitamine der B-Gruppe und Vitamin C. Die wichtigsten Lieferanten für Vitamine sind Obst und Gemüse, die uns zudem mit zwei anderen wertvollen Stoffgruppen versorgen, nämlich Mineralstoffen und Spurenelementen sowie Phytochemicals.

MINERALSTOFFE UND SPURENELEMENTE

Mineralstoffe und Spurenelemente wirken im Organismus ähnlich wie die Vitamine als Co-Faktor in zahlreichen biochemischen Prozessen, wobei Mineralstoffe durch einen größeren Bedarf definiert sind als Spurenelemente. So sei als Beispiel Magnesium genannt, das an etwa 360 biochemischen Reaktionen der Zelle entscheidend beteiligt ist. Bemerkenswert ist auch, dass Magnesium sowie Kalzium dazu beitragen, den Blutdruck zu normalisieren.

Wichtige Spurenelemente sind zum Beispiel Eisen (dient u. a. der Blutbildung), Zink (fördert u. a. die Wundheilung), Kupfer (u. a. für das Bindegewebe und den Pigmentstoffwechsel), Selen (spielt u. a. eine wichtige Rolle beim Schutz der Zellwände und bei der Infektabwehr), Fluor (u. a. für den Zahnschmelz) und Jod (u. a. bedeutsam für die Schilddrüsenhormone und die Regelung des Grundumsatzes).

PHYTOCHEMICALS

Diesen wunderbaren Stoffen, die nicht nur die Pflanzen selbst, sondern auch den menschlichen Organismus schützen, heilen und vitalisieren, gilt in diesem Buch das besondere Augenmerk. Denn Gesundheit und Genießen schließen sich nicht aus, im Gegenteil!

Neben den allgemein bekannten Inhaltsstoffen wie Fette, Eiweiße, Kohlenhydrate, Mineralstoffe und Vitamine enthalten Pflanzen auch Phytochemicals beziehungsweise sekundäre Pflanzenstoffe. Dies sind biologisch aktive Substanzen, die von den Pflanzen produziert werden, um selbst gesund zu bleiben und sich vor Bakterien, Viren, Pilzen und anderen Schädlingen, aber auch vor UV-Licht und Oxidation zu schützen. Einige dieser Substanzen werden auch als Arzneimittel genutzt. Häufig verleihen Phytochemicals der Pflanze Farbe und Geschmack: So sind sie beispielsweise für das Rot der Tomaten und das Blau der Heidelbeeren verantwortlich. Natürlich gibt es dabei auch Überschneidungen mit anderen Pflanzeninhaltsstoffen: Die Karotten verdanken ihre orange Farbe dem Provitamin Beta-Carotin.

Es gibt mehr als 150.000 essbare Pflanzen auf der Welt, die einen wahren Schatz von etwa 25.000 Phytochemicals bergen. Lediglich 150 bis 200 dieser Pflanzen werden tatsächlich als Nahrungsmittel genutzt. Diese vergleichsweise wenigen Arten enthalten jedoch etwa 10.000 sekundäre Pflanzenstoffe. Gewürze sind ebenfalls eine gute Quelle für diese Substanzen. Phytochemicals stellen für den Menschen eine sehr wertvolle Bereicherung der

Nahrung dar, da sie einen außerordentlich wichtigen Beitrag zur Erhaltung der Gesundheit und auch Verzögerung von Alterungsprozessen leisten. Bislang lässt sich nur erahnen, welches Potenzial die nicht genutzten Pflanzen in dieser Hinsicht noch besitzen.

Seit einigen Jahren tritt immer stärker zutage, wie sehr der Mensch von Phytochemicals in der Nahrung profitiert. Dabei ist nicht so sehr die Menge, die zugeführt wird, von Bedeutung, sondern vielmehr die Häufigkeit, mit der diese Substanzen aufgenommen werden. Außerdem kommt es auf die Kombination der pflanzlichen Nahrungsmittel an, denn viele dieser Substanzen verstärken sich gegenseitig und im Zusammenspiel mit anderen Nahrungsbestandteilen. Keine Pflanze enthält alle wichtigen Bestandteile, und die Inhaltsstoffe können Schwankungen unterliegen. Mit Nahrungsergänzungsmitteln kann der positive gesundheitliche Effekt nicht erreicht werden, unter Umständen können diese sogar kontraproduktiv sein. In überhöhter Dosis gelten manche Phytochemicals auch als schädlich. Beta-Carotin zum Beispiel, ein hochwirksames Antioxidans, kann bei Rauchern zu einem Anstieg der Lungenkrebsrate führen. Vor allem in den „ACE-Drinks" ist der Gehalt deutlich zu hoch, weshalb Raucher diese Getränke meiden sollten.

Durch den Genuss von fünf Portionen Obst und Gemüse am Tag (dazu zählen auch Bio- oder frisch gepresste Säfte) in einer Gesamtmenge von etwa einem Pfund lässt sich das Risiko einer ganzen Reihe von Krankheiten senken – ganz abgesehen davon, dass eine solche Ernährung das Wohlbefinden merklich steigert. Zu diesen – weit gehend durch den Lebensstil bedingten – Krankheiten gehören Diabetes, Bluthochdruck und Herzerkrankungen, die sich langsam vorbereiten und ankündigen und zudem sehr viel an Energie verbrauchen. Je mehr Energie wir aber im Kampf gegen solche Krankheiten beziehungsweise Risikofaktoren aufwenden müssen, umso schneller altern wir.

Um Phytochemicals (und alle anderen ernährungsphysiologisch wertvollen Inhaltsstoffe) nicht nur in ausreichender Menge, sondern auch in idealer Variation aufzunehmen, kann man sich am Regenbogen orientieren, das heißt, man setzt Obst und Gemüse in allen Farben von Violett, Blau und Grün über Gelb und Orange bis Rot auf den Speiseplan. Besonders wirksam innerhalb dieses Spektrums sind die Farben Dunkelgrün, Tieforange und Gelb.

Hier sei ein konkretes Beispiel für die Speisenzusammenstellung eines Tages angeführt, das eine optimale Zufuhr von Phytochemicals garantiert:

- Frühstück: Äpfel, Früchte und Leinsamen, grüner Tee
- Mittagessen: Erbsen oder Bohnen, weiteres Gemüse und Lachs
- Nachtisch: Schokolade und Obst
- Abendessen: Sojabohnen, Gemüse, eventuell Nordmeerfisch
- Zwischendurch: ein Glas Frucht- oder Gemüsesaft

Die Kombination verschiedener Nahrungsmittel, die wertvolle Phytochemicals liefern, findet sich auch in Johann Lafers Rezepten wieder. Sei es Blattsalat mit Orangen (Seite 32), Tofu mit buntem Wok-Gemüse (Seite 92) oder Melone mit Himbeeren (Seite 140) – alle Gerichte und Desserts sind der Gesundheit in vielerlei Hinsicht förderlich.

Wie übrigens Untersuchungen gezeigt haben, ist der Gehalt an Phytochemicals in biologisch angebautem Gemüse deutlich höher, weil die Pflanzen unter den gegebenen Bedingungen mehr Abwehrstoffe produzieren müssen. Sie weisen zum Beispiel einen deutlich höheren Gehalt an Salicylaten (117 ng/g) auf als konventionell gezüchtete, also mit Pestiziden behandelte Nahrungsmittel (20 ng/g). Bio-Pflanzen produzieren Salicylate als Schutz vor Stress und Erkrankungen. Einen Verwandten dieser Stoffe kennt jeder: die Acetylsalicylsäure. Unter dem Namen „Aspirin" zu Weltruhm gelangt und mittlerweile als Anti-Thrombose- und Schmerzmittel weit verbreitet, wurde sie in der Natur in Weiden entdeckt.

Wie wirken Phytochemicals?

Diese potenten biologischen Substanzen haben die Fähigkeit, in sehr viele und sehr unterschiedliche Stoffwechselvorgänge im menschlichen Körper einzugreifen. So können sie die Immunfunktion verbessern und Zellen schützen, außerdem wirken sie sich positiv auf den Blutdruck sowie den Cholesterin- und Blutzuckerspiegel aus. Viele Phytochemicals können den Zellzyklus beeinflussen, also jenen Vorgang, bei dem aus einer Mutterzelle eine Zelle entsteht, die sich wiederum in zwei Tochterzellen teilt. Sie sind auch in der Lage, den so genannten programmierten Zelltod einzuleiten. Bei diesem lebensnotwendigen Prozess werden vom Körper nicht mehr benötigte Zellen vernichtet. In diesem Zusammenhang arbeiten sie ebenso der Entstehung von Krebs entgegen. Fast alle Phytochemicals haben krebshemmende Wirkung, und zwar über eine ganze Reihe verschiedener Mechanismen. Des Weiteren können sie entzündliche Prozesse verringern, die Bildung von Enzymen anregen und ausgleichend auf den Hormonhaushalt wirken (insbesondere auf denjenigen der Steroidhormone, zu denen u. a. die Sexualhormone zählen).

Phytochemicals als Antioxidantien

Eine ganz besonders große Rolle im Hinblick auf Alterungsprozesse und deren positive Beeinflussung spielt die Wirkung von Phytochemicals als Antioxidantien. Oxidative Prozesse beziehungsweise oxidativer Stress können dazu führen, dass sich die so genannten freien Radikale – extrem „reaktionsfreudige"

Moleküle – anhäufen. Diese können verschiedene Zellfunktionen und -strukturen stören beziehungsweise schädigen, zum Beispiel die lipidhaltige Zellmembran, Lipoproteine, Proteine, Kohlenhydrate sowie RNA (Ribonukleinsäure; wichtige Substanz für die Umsetzung der Erbinformation) und DNA. Damit dürften viele „Abnutzungsphänomene" zu erklären sein, die zu den wichtigsten Mechanismen gehören, aufgrund derer der Körper altert beziehungsweise das Altern beschleunigt wird.

Oxidationsprozesse sind zwar alltägliche und auch lebensnotwendige Vorgänge im Körper, es kommt aber darauf an, dass deren Produkte, die freien Radikale, möglichst rasch unschädlich gemacht werden. Geschieht dies nicht in ausreichendem Maße – sei es aufgrund einer Überproduktion freier Radikale oder wegen eines Mangels an Antioxidantien –, entsteht oxidativer Stress. Dieser ist nicht nur einer der wichtigsten Gründe für vorzeitiges Altern, sondern auch eine mögliche und durchaus wahrscheinliche Ursache für verschiedene Erkrankungen von chronischen Entzündungen über Zivilisationsschäden bis zu Herzinfarkt und Krebs.

Wie gefährlich die oxidative Beanspruchung ist, lässt sich auch daraus ersehen, dass der Körper über Gegenstrategien auf gleich mehreren Ebenen verfügt: Die Bildung freier Radikale wird verhindert (durch primäre Antioxidantien); freie Radikale werden gefangen genommen (von den so genannten „Radikalefängern"), inaktiviert und ausgeschieden (sekundäre Antioxidantien); von freien Radikalen verursachte Schäden werden repariert, Mutationen verhindert und bereits veränderte Moleküle eliminiert (durch tertiäre Antioxidantien).

Es gibt zum Beispiel Abwehrsysteme gegen freie Radikale, die unter Verwendung von Enzymen arbeiten. Interessanterweise spielen dabei jeweils zwei Spurenelemente eine sehr wichtige Rolle: Mangan und Selen. Ohne sie würden die entsprechenden Enzyme nicht funktionieren. Andere Abwehrsysteme wiederum bestehen aus beziehungsweise arbeiten mit Vitaminen, und zwar Vitamin C und E sowie Beta-Carotin.

Schließlich seien die Phytochemicals genannt, die eine große Gruppe von Antioxidantien stellen und damit eine herausragende Bedeutung in dieser Hinsicht besitzen. Antioxidativ wirksam sind vor allem zahlreiche Phenole, die zum Beispiel in verschiedenen Beerenarten, Walnüssen und Rotkohl vorkommen, und Sulfide, schwefelhaltige Verbindungen mit intensivem Geschmack und Geruch, die unter anderem in Zwiebeln, Knoblauch und Schnittlauch enthalten sind.

Laborversuche haben bestätigt, dass Nahrungsmittel, die reich an Antioxidantien sind, auch einen positiven Effekt auf das altersbedingte Nachlassen der neuronalen Signalübertragung sowie kognitiver und motorischer

Fähigkeiten haben. Durch eine Nahrungsergänzung mit Heidelbeeren, Spinat oder Erdbeeren konnte dies nicht nur gestoppt, sondern sogar rückgängig gemacht werden.

Da in der gesunden Küche neben Gemüse und Obst auch Gewürze eine wichtige Rolle spielen, sei an dieser Stelle auf ihre ebenfalls hohe antioxidative Wirkung hingewiesen. Dass Gewürze auf unterschiedlichste Weise der Gesundheit förderlich sind, ist schon seit Jahrtausenden bekannt. Und so verwundert es nicht, dass alte Erfahrungswerte von der modernen Wissenschaft zumeist bestätigt werden. Der bereits im Hinblick auf Gemüse und Obst formulierte Grundsatz gilt auch hier: Es kommt auf die Kombination an. Nicht umsonst werden des Öfteren Gewürzmischungen verwendet, und nicht von ungefähr enthalten manche Rezepte erstaunlich viele Gewürze (in der indischen Küche können es beispielsweise bis zu sechzig sein). Auch in diesem Buch finden sie vielfältigen Einsatz und verleihen den Gerichten eine besondere Geschmacksnote.

Antioxidativ wirksam sind, um nur einige zu nennen: Gewürznelken, Gelbwurz (auch Kurkuma genannt und als Radikalefänger um ein Vielfaches potenter als Vitamin E), Zimt, Pfeffer, Ingwer, Knoblauch, Koriander und japanischer Meerrettich (Wasabi).

Häufig haben die Phytochemicals mehrere Funktionen, wie das Beispiel der Anthocyane zeigt. Sie gelten nicht nur als wirksame Antioxidantien, sondern sind auch für die blaue, rote oder violette Färbung von Pflanzen verantwortlich. Je dunkler und intensiver die Farbe, desto größer ist der Gehalt. So sind Anthocyane in Holundersaft, rotem Traubensaft und Rotwein reichlich vorhanden. Sie können das Zusammenballen von Blutplättchen und damit die Bildung von Thrombosen hemmen. Dieser Effekt ist bereits nach zwei Gläsern roten Traubensaftes nachweisbar (und übrigens doppelt so stark wie bei Rotwein).

Phytochemicals als Schutz vor Bakterien und Viren

Um die bemerkenswerte Wirksamkeit der sekundären Pflanzenstoffe zu veranschaulichen, sei zunächst ein Beispiel aus der Natur angeführt. So besitzt die Tomate eine Substanz namens IBI-246, die sie vor diversen schädlichen Insekten schützt. Im Laborversuch konnte sogar nachgewiesen werden, dass IBI-246 Mücken schneller in die Flucht schlägt als das verbreitete synthetische Insektenschutzmittel DEET.

Was den Menschen betrifft, besitzen zum Beispiel Knoblauch und Gewürznelken eine ausgezeichnete Wirkung gegen Bakterien und Pilze, die Krankheiten hervorrufen. Das Sulphoraphan, unter anderem in Brokkoli vorhanden, ist wiederum in der Lage, verschiedene Bakterien anzugreifen, unter denen auch für den Menschen schädliche vorkommen. Außerdem wirkt dieses Phytochemical gegen Hefe-Infektionen und virale Entzündungen.

Mächtige Schutzfaktoren gegen Viren sind besonders in Gewürzen enthalten. Dazu gehören unter anderem Muskat, Gewürznelken, Zimt, Chili, Meerrettich, Tamarinde, Granatapfelsamen, Knoblauch und Zwiebeln.

Hormonelle Wirkungen

Eine Reihe von Pflanzen enthält so genannte Phytoöstrogene, die eine dem menschlichen Östrogen vergleichbare Wirkung entfalten und dadurch bei Frauen die Entstehung von Osteoporose (Knochenschwund) hemmen und die Symptome der Wechseljahre mildern können. Diese Pflanzenhormone wirken den typischen Veränderungen des weiblichen Körpers entgegen, wie zum Beispiel Schütterwerden des Haares und Austrocknung von Haut und Schleimhäuten, aber auch Alltagsbeschwerden wie Kopfschmerzen, Hitzewallungen und Schlaflosigkeit. Reich an Phytoöstrogenen sind neben Soja und Sojaprodukten auch Vollkorngetreide, Leinsamen, Hülsenfrüchte, Brokkoli, Karotten, Tomaten, Milchprodukte und Bier (aufgrund des enthaltenen Hopfen). Verschiedene Studien sagen den Phytoöstrogenen einen vorbeugenden Effekt bei verschiedenen Karzinomen nach, wie zum Beispiel Brust-, Prostata- und Dickdarmkrebs.

Phytoöstrogene sind heterozyklische Phenole. Sie werden unterteilt in die Gruppe der Lignane und der Isoflavone. Während Soja eine wichtige Quelle für Isoflavone darstellt, liefert Vollkorn vor allem Lignane. Eine Diät, die arm an Lignanen ist, erhöhte in einer Studie das Risiko für Brustkrebs. Experimentelle Studien zeigen, dass Soja und Roggen einen hemmenden Effekt auf das Prostatakarzinom haben und Roggen vor allem das Kolonkarzinom hintanhält. Ob diese Effekte in erster Linie auf die Phytoöstrogene oder eher auf eine allgemein gesündere Ernährung zurückzuführen sind, muss allerdings noch endgültig geklärt werden.

Schutz vor Krebs

Zunehmend wächst die Erkenntnis, dass die Aufnahme pflanzlicher Nahrungsstoffe das Krebsrisiko zu senken vermag, für bestimmte Tumorarten sogar um bis zu 50 Prozent. Obwohl keine Langzeitstudien vorliegen über die spezielle Eigenschaft von Phytochemicals, die Karzinomentwicklung zu verhindern, weisen über 200 Studien darauf hin, dass eine entsprechende Ernährung das Krebsrisiko vermindert. Diese Ernährungsweise zeichnet sich dadurch aus, dass sie reich an Vollkorn, Hülsenfrüchten, Obst und Gemüse ist, wobei Zitrusfrüchte, Carotin-reiche Gemüsesorten und Kreuzblütler (z. B. Brokkoli) besonders hervorstechen. Fette und Alkohol werden dagegen nur sparsam eingesetzt. Insgesamt kann man sagen, dass bis zu 40 Prozent aller Krebserkrankungen durch eine gesunde Ernährung vermieden werden könnten.

Nach bisherigen Erkenntnissen scheinen Obst und Gemüse eine unterschiedliche Schutzwirkung zu entfalten: Obst schützt vor allem vor Speiseröhrenkrebs, während Kohlsorten offenbar die Gefahr für Eierstocktumoren und Harnblasenkrebs stark reduzieren.

Dem heutigen Stand des Wissens zufolge können folgende Nahrungsmittel als krebsvorbeugend bezeichnet werden (in Klammern die Wirkstoffe):

- Knoblauch, Zwiebeln (Sulfide)
- Soja und Sojaprodukte (Genistein, Diadzein)
- alle Kohlsorten (Indole)
- Zitrusfrüchte, Tee, Wein (Flavonoide)
- Orangen, Grapefruit (Limonene)
- Karotten (Carotinoide)
- Tomaten (Lycopin)
- Schwarzer Pfeffer (Capsaicin) und Ingwer

Bei einzelnen Gewürzen fehlt bisher der Nachweis einer Schutzwirkung gegen Krebs. Wahrscheinlich kommt hier das Zusammenwirken von Substanzen durch die Verwendung mehrerer Gewürze zum Tragen.

Frauen erkranken seltener an Darmkrebs als Männer, weil Östrogene die Bildung von Vitamin D in den Darmzellen anregen. Da Männer zu wenig Östrogene bilden, kann die Zufuhr von Phytoöstrogenen zur Prophylaxe sinnvoll sein. Versuche mit Zellkulturen ergaben, dass Vitamin D in seiner aktiven Form die Fähigkeit besitzt, Krebszellen zum Absterben zu bringen beziehungsweise zu einem gutartigeren Zellteilungsverhalten anzuregen.

Schutz für Herz und Gefäße

Es besteht auch eine signifikante inverse Beziehung zwischen dem Verzehr von Nahrungsmitteln, die reich an Flavonoiden sind (u. a. Äpfel, Beeren und Zwiebeln), und Herztod sowie der Rate an Schlaganfällen. Desgleichen ist das Risiko einer Koronaren Herzerkrankung umso geringer, je höher der Konsum von Gemüse ist, das viele Carotinoide enthält (u. a. Brokkoli, Karotten, Spinat, Tomaten und Kopfsalat). Gemüse mit grünen Blättern sind in diesem Zusammenhang besonders wirksam. In einer Studie hat sich gezeigt, dass Äpfel, Schokolade, grüner und (in geringerem Maße) schwarzer Tee mit ihrem Gehalt an dem Flavonoid Catechin die Rate von Koronaren Herzkrankheiten senken können. Kreuzblütler (zu denen alle Kohlsorten gehören), Zitrusfrüchte und Fruchtsäfte schützen offenbar vor allem vor Schlaganfall.

Ein wenig Chemie

Vom chemischen Aufbau her sind Phytochemicals sehr unterschiedlich. Die größte Gruppe stellen Phenole und Polyphenole, die durch eine direkt an einen aromatischen Kern gebundene Hydroxylgruppe gekennzeichnet sind. Es gibt etwa 4000 verschiedene Phenole, zu denen wiederum Flavone, Flavonoide, Flavonole, Catechine und Stilbene zählen. Sie finden sich vorwiegend in Gemüse, Obst, grünem und schwarzem Tee, Kaffee und Schokolade. „Typisch" ist ihre Natur als Gerbstoffe: Sie sind für den herben Geschmack von zum Beispiel Rotwein, schwarzem Tee und Walnüssen verantwortlich. Alle Phenole sind hochwirksame Antioxidantien. Sie können die Oxidation des „schlechten" Cholesterins hemmen, wirken als Radikalefänger und regulieren den Stickstoff-Stoffwechsel an der Innenfläche der Blut- und Lymphgefäße. Wie nachgewiesen wurde, können diese Substanzen als Bestandteile der Ernährung die durch Arteriosklerose bedingte Alterung des Gefäßsystems verzögern, was seinen Niederschlag in einer sinkenden Rate von Herz-Kreislauf-Erkrankungen findet.

Einige weitere Beispiele: Die Sterine sind komplexe Alkoloide und ähneln in ihrem Aufbau dem Cholesterin. Ihr Gehalt ist vor allem in Pflanzenölen und Nüssen hoch. Zu den Vertretern dieser Gruppe gehören Beta-Sitosterol und Sitostanol, die den Cholesterinspiegel durch Zunahme von LDL-Rezeptoren um etwa 10 Prozent senken.

Saponine sind chemisch mit den Sterinen verwandt und werden als pflanzliche Glykoside bezeichnet. Ihren Namen verdanken sie der Tatsache, dass sie beim Schütteln mit Wasser einen seifenartigen Schaum bilden (lat. *sapo* = Seife). Enthalten sind sie vor allem in Hülsenfrüchten, aber auch in anderen Gemüsepflanzen. Saponine üben einen günstigen Einfluss auf das Cholesterin aus, indem sie es binden.

Zu den schwefelhaltigen Verbindungen gehört das Allicin im Knoblauch, das den Cholesterinspiegel durch Synthesehemmung um etwa 9 Prozent senkt. Außerdem reduziert dieses Phytochemical im Laborversuch das Zusammenballen der Blutplättchen effektiver als Aspirin, womit es eine wirkungsvolle Substanz gegen Thrombosen darstellt.

Die folgende Tabelle gibt einen Überblick über das Vorkommen (in Beispielen) und die Wirkung von Gruppen beziehungsweise Einzelsubstanzen aus der Familie der Phytochemicals.

Phytochemicals	**Vorkommen**	**Wirkung**
Allicin (Allylsulfide)	Knoblauch, Zwiebeln	Entgiftend, neutralisierend
Anthocyane	Blaubeeren, Kirschen, Preiselbeeren, Kiwi, Pflaumen	Hemmen den Alterungsprozess, wirken gegen Harnwegsinfekte
Beta-Carotin	Karotten, Aprikosen, Pfirsiche	Schützt das Immunsystem
Canthaxanthin	Paprika	Antioxidativ
Capsaicin	Cayennepfeffer, roter Pfeffer, Chili	Schützt Zellen vor toxischen Substanzen, entzündungshemmend
Carotinoide	Dunkelgrüne und orange Früchte und Gemüsesorten	Blockieren krebserregende Substanzen, unterstützen die Reparatur der DNA
Catechine	Grüner und schwarzer Tee, Äpfel	Hemmen die Aktivierung von krebserregenden Substanzen
Chlorogensäure	Erdbeeren, Ananas, Tomaten	Blockiert Nitrosamine (stark krebserregende Substanzen)
Cumarin	Kurkuma, Curry, Senf	Antioxidativ
Diadzein	Soja, Tofu	Krebsvorbeugend
Ellagsäure	Trauben, Erdbeeren, Brombeeren, Walnüsse	Antioxidativ
Epicatechin Polymere	Trauben, Rot- und Weißwein, Apfelsaft	Antioxidativ

Phytochemicals	Vorkommen	Wirkung
Flavonoide	Rote und blaue Früchte und Gemüsesorten, Äpfel, Zitrusfrüchte, Wein, Tee	Verhindern die Bindung von krebserregenden Hormonen an Zellen, antioxidativ, gegen Entzündungen, hemmen das Zusammenballen der Blutplättchen
Genistein	Soja, Tofu, Sojamilch	Hemmt die Bildung von Blutgefäßen, die Krebszellen ernähren
Gingerol	Ingwer	Antioxidativ
Hesperidin	Zitrufrüchte (Mandarinen, Orangen, Grapefruits)	Schützt vor Herzerkrankungen
Isoflavone	Bohnen, Erbsen, Erdnüsse, Tofu	Scheinen das Risiko für Brust- und Eierstockkrebs zu reduzieren
Isothiocyanate, Indole	Brokkoli, Blumenkohl, Weißkohl, Grünkohl, Brunnenkresse, Knoblauch, Zwiebeln	Blockieren krebserregende Substanzen, wirken antibiotisch, steigern die Immunabwehr
Limonene	Orangen, Zitronenschalen	Hemmen das Wachstum von Krebszellen
Lignane	Leinsamen	Scheinen das Risiko für Brust-, Dickdarm- und Eierstockkrebs zu senken
Lutein	Spinat, Grünkohl	Reduziert das Risiko für eine Makuladegeneration (Verlust der zentralen Sehschärfe)
Lycopin	Tomaten, Kiwis, Wassermelonen, Grapefruits	Scheint das Risiko für das Prostatakarzinom zu senken
Monoterpene	Orangen, Zitronenöl, Grünkohl	Neutralisieren krebserregende Stoffe, hemmen das Wachstum von Krebszellen

Phytochemicals	**Vorkommen**	**Wirkung**
Omega-3-Fettsäuren	Walnüsse, Fischöle (Makrelen, Lachs, Forellen)	Reduzieren das Risiko für Herzinfarkt, Schlag anfall und Arteriosklerose
Phenolsäuren (u. a. Chlorogen-, Ferulasäure)	Heidelbeeren, Äpfel, Kirschen, Orangen, Kartoffeln, Vollkornprodukte, Kaffeebohnen	Antioxidativ
Quercetin	Äpfel, Zwiebeln, Brokkoli, Birnen, Knoblauch, grüner Tee, Rotwein	Entzündungshemmend, schützt die Lunge, hemmt einige Krebsarten, wirkt gegen Herz-Kreislauf-Erkrankungen
Quinone	Rosmarin	Antioxidativ
Resveratrol	Rote Trauben, rote Grapefruits, Rotwein	Senkt offenbar das Risiko für Herzerkrankungen, Schlaganfall und Krebs, reduziert die Klebrigkeit der Blutplättchen
Rosmarinsäure	Rosmarin	Antioxidativ
Saponine	Bohnen, Linsen, Soja	Verhindern offenbar die Vermehrung von Tumorzellen, senken den Cholesterinspiegel
Sulphoraphan	Brokkoli, Grünkohl, Blumenkohl, Weißkohl, Rüben	Scheint das Risiko für Dickdarmkrebs zu senken, fördert die Bildung von Entgiftungsenzymen, antibiotisch
Tannin: Catechine	Linsen, Erbsen	Antioxidativ
Tangeritin	Zitrusfrüchte	Scheint Krebserkrankungen im Kopf- und Nackenbereich zu verhindern
Terpene	Zitrusfrüchte	Antioxidativ
Zeaxanthin	Grünkohl, Senf, Meerrettich	Antioxidativ, steigert die Immunfunktion

DAS GESAMTKONZEPT DER ERNÄHRUNG

Wie bereits erwähnt, ist es im Allgemeinen nicht sinnvoll, einen bestimmten Nährstoff allein, zum Beispiel ein einziges Vitamin, zur Vorbeugung oder Heilung von Erkrankungen zu sich zu nehmen. Lediglich beim gezielten Einsatz von Omega-3-Fettsäuren im Rahmen einer Studie konnte bislang ein Erfolg mit Einzelsubstanzen verbucht werden: Die Verabreichung von 1000 mg hochgereinigten Omega-3-Fettsäuren ergab eine signifikante Senkung der Herz-Kreislauf-Sterblichkeit.

Aktuelle Daten von groß angelegten Studien legen nahe, dass eine Ernährung mit geringem Verzehr von Fleisch (etwa ein- bis zweimal pro Woche) zu einer Lebensverlängerung beitragen kann. Die Ergebnisse einer Studie mit gesunden Erwachsenen zeigen, dass vegetarische Ernährung über einen langen Zeitraum, das heißt über mehr als zwei Jahrzehnte, mit einer deutlich erkennbaren Lebensverlängerung einhergeht.

Gemüse und Obst spielen bei der gesunden Küche also eine Hauptrolle. Die in dieser Nahrung enthaltenen biologisch wirksamen Pflanzenstoffe sorgen für Wohlbefinden und Vitalität, außerdem mindern sie das Risiko für Krebs und Herz-Kreislauf-Erkrankungen.

Wie in umfangreichen medizinischen Ernährungsstudien nachgewiesen wurde, ist ein ausgewogenes Verhältnis der einzelnen Nahrungsbestandteile zueinander ausschlaggebend. In diesem Rahmen gewonnene Erkenntnisse haben in den Rezepten dieses Buches Niederschlag gefunden, die sich vor allem durch Vielfältigkeit der verwendeten Zutaten auszeichnen. Die nach ihrem gesundheitlichen Wert aufgebauten Rezepte ermöglichen die gezielte und nachhaltige Beeinflussung beziehungsweise Vorbeugung von Krankheiten.

In weiten Kreisen bekannt ist inzwischen die so genannte mediterrane Kost oder „Kreta-Diät". Sie beruht auf Erkenntnissen, die man durch eine vergleichende Studie in sieben Ländern gewonnen hat. Der Schwerpunkt lag darauf herauszufinden, wo in welcher Häufigkeit Herz-Kreislauf-Erkrankungen auftreten. Dabei schnitten die südlichen Länder, insbesondere Griechenland und dort vor allem die Insel Kreta, wesentlich besser ab als Mittel- und Nordeuropa. Der Grund dafür ist einfach zu benennen: In südlichen Gefilden stehen vor allem viel frisches Obst, Gemüse, Olivenöl als vorrangiger

Fettlieferant, Fleisch in Maßen und viel Meeresfisch auf dem Speiseplan. Genau diese Nahrungsmittel schützen das Herz und den Kreislauf, die Gelenke, vermeiden Bluthochdruck und beugen der Entstehung von Krebs vor. Und dies sollte in der Tat zu denken geben: Mit keinem verabreichten Medikament wurde bis dahin ein besseres Resultat erzielt!

Dieses Buch möchte dazu beitragen, vielleicht wenig gesundheitsförderliche Essgewohnheiten umzustellen und bewusster einzukaufen in Läden und auf Märkten, die eine Fülle an ebenso schmackhaften wie nährstoffreichen Produkten anbieten. Und es möchte dazu anregen, nach den hier vorgestellten Rezepten Gerichte für jede Gelegenheit zuzubereiten und diese zu genießen in dem Wissen, dem Körper nur Gutes zu tun. Wir garantieren Ihnen eine spürbare Steigerung der Lebensfreude und Vitalität!

Salate

Zutaten für 4 Portionen

GEMISCHTER BLATTSALAT MIT GEBACKENEN RIESENGARNELEN UND ORANGEN-DRESSING

300 g Blattsalate
(z. B. Kopf-, Spinat-, Eichblattsalat, Chicorée, Rucola, Lollo rosso)
3 saftige Orangen
(davon 1 unbehandelte)
6 EL Olivenöl
1 TL Speisestärke

Salz, Pfeffer
Saft von 1 Limone
12 Riesengarnelen
Mehl zum Wenden
2 Eier
150 g Cornflakes

200 ml Pflanzenöl zum Frittieren
Gartenkresse zum Bestreuen

1. Die Salate putzen, waschen und trockenschleudern.

2. Mit einem Sparschäler von der unbehandelten Orange die Schale dünn abschälen und diese in feine Streifen schneiden. Alle Orangen auspressen. Orangenstreifen in 1 EL heißem Olivenöl anschwitzen, mit Orangensaft ablöschen und um die Hälfte einkochen lassen. Den eingekochten Saft mit angerührter Speisestärke leicht binden. Dann das restliche Olivenöl unterrühren. Dressing mit Salz, Pfeffer und Limonensaft abschmecken.

3. Riesengarnelen aus der Schale brechen, Darm entfernen. Garnelen in Mehl wenden, durch verquirltes Ei ziehen und in fein zerbröselten Cornflakes panieren.

4. Panierte Riesengarnelen in heißem Pflanzenöl goldbraun und knusprig ausbacken, auf Küchenpapier abtropfen lassen und mit Salz würzen.

5. Blattsalate mit 2/3 des Dressings anmachen und auf Teller verteilen. Gebackene Riesengarnelen darauf legen, restliches Dressing um den Salat träufeln und mit Gartenkresse bestreut servieren.

GESUNDE KÜCHE
Orangen enthalten Carotine sowie Limonene. Diese Phytochemicals wirken krebshemmend, zudem unterstützen Carotine die Reparaturmechanismen der DNA, unserer Erbsubstanz. Ähnliche Wirkungen haben auch andere Zitrusfrüchte.

Blattsalat

Blattsalat gehört in der gesunden Küche zu Recht zu den beliebtesten Nahrungsmitteln. Da er zu etwa 95 % aus Wasser besteht, ist er ausgesprochen kalorienarm. Das ist nur einer seiner Vorzüge, denn die übrigen 5 % haben es in sich: Ballaststoffe, Vitamine (vor allem Vitamin C und E), Mineralien und eine große Menge an Chlorophyll. Diese Substanz ist dem menschlichen Blutfarbstoff Häm sehr ähnlich. Das „grüne Blut der Pflanzen" stärkt unseren gesamten Organismus. Von Bedeutung ist auch der Gehalt an Folsäure, die eine wichtige Funktion in vielen Stoffwechselprozessen hat und vor Herzerkrankungen schützt. Vor allem Kopfsalat enthält Lactucin, das nicht nur für den guten Geschmack verantwortlich ist, sondern auch eine beruhigende und schlaffördernde Wirkung besitzt. Salate sind zudem reich an Antioxidantien.

Zutaten für 4 Portionen

BUNTER ROHKOSTSALAT MIT MACADAMIANUSS-DRESSING

1 rote Paprikaschote
1 gelbe Paprikaschote
2 Karotten
1/4 Rotkohl (ca. 250 g)
2 kleine Salatgurken
1 rote Zwiebel

12 Radieschen
1 kleine rote Chilischote
3 EL Balsamico Bianco
Saft von 1 Limone
2 EL Macadamianuss-Sirup

6 EL Macadamianuss-Öl
50 g geröstete Macadamianüsse
Salz, Pfeffer

1. Paprika wachen, vierteln, Kerngehäuse entfernen. Schoten in feine Streifen schneiden. Karotten schälen, in feine Scheiben schneiden. Den Rotkohl sowie die gewaschenen Gurken in feine Strefen schneiden. Zwiebel schälen und wie die gesäuberten Radieschen ebenfalls in dünne Streifen schneiden.

2. Chilischote der Länge nach halbieren, entkernen und fein hacken. Balsamico mit Chili, Limonensaft und Macadamianuss-Sirup in einer großen Schüssel verrühren. Öl langsam und unter ständigem Rühren dazugießen. Macadamianüsse hacken und mit dem geschnittenen Gemüse dazugeben. Alles locker miteinander mischen. Zum Schluss den Salat mit Salz und Pfeffer abschmecken.

GESUNDE KÜCHE

Macadamianüsse gelten als die feinsten und wohlschmeckendsten Nüsse. Sie enthalten viele einfach ungesättigte Fettsäuren, die bei der Vorbeugung von Herzerkrankungen eine wichtige Rolle spielen. Außerdem senken sie das „schlechte" LDL-Cholesterin, fördern die Leistungsfähigkeit und verschönern die Haut, wahrscheinlich durch den hohen Zinkgehalt. Unter allen Nüssen weisen Macadamianüsse den höchsten Eiweißgehalt auf.

Nüsse

Der recht hohe Kaloriengehalt sollte nicht davon abhalten, Nüsse als variantenreiche Zutat von Gerichten oder auch pur – pro Woche etwa zwei Hand voll – zu genießen. Die kleinen Energiespender enthalten ungesättigte Fettsäuren wie zum Beispiel die für den Stoffwechsel wichtigen Omega-3-Fettsäuren, weshalb sie dazu beitragen, Herzerkrankungen zu verhindern. Eine Studie an Ärzten zeigte, dass die „Nussknacker" das Risiko eines plötzlichen Herztodes um die Hälfte und das Risiko einer Koronaren Herzkrankheit um ein Drittel senken konnten. Nüsse, vor allem Walnüsse, sind auch wichtige Lieferanten von Selen und Vitamin E. Dadurch beugen sie als natürliches Anti-Aging-Mittel der Zellalterung vor und schützen vor Alzheimer. Schließlich sind sie reich an vollwertigem Eiweiß – in dieser Hinsicht übertreffen sie, mit Ausnahme der Sojabohne, alle anderen pflanzlichen Nahrungsmittel.

Zutaten für 4 Pizzen

SALAT-PIZZA MIT MEERRETTICH-CREME UND RÄUCHERLACHS

25 g Hefe
400 g Weizenmehl
1 TL Salz
200 g gemischte Blattsalate (z. B. Radicchio, junge Spinatblätter, Kopf- oder Romanasalat)
8 Kirschtomaten
6 Radieschen
1 rote Zwiebel
6 EL Olivenöl
3 EL Balsamico Bianco
Salz, Pfeffer
200 g Crème fraîche
2 EL Meerrettichpaste (aus dem Glas)
200 g Räucherlachs, in dünne Scheiben geschnitten
Gartenkresse zum Bestreuen

GESUNDE KÜCHE

Meerrettich enthält Allylsenföl, das die Drüsen des Magen-Darm-Kanals anregt und die Verdauung fördert. Dieses Senföl, das für den scharfen Geschmack verantwortlich ist, wirkt auch antibiotisch.

Lachs liefert neben den gesundheitsförderlichen Omega-3-Fettsäuren (siehe S. 156) zahlreiche Vitamine, Mineralien und Spurenelemente sowie essentielle Aminosäuren.

1. Hefe in 250 ml lauwarmem Wasser auflösen. Mehl und Salz zufügen, alles zu einem glatten, geschmeidigen Teig kneten. Diesen in 4 gleich große Stücke teilen, jedes zu einer Kugel formen und zugedeckt an einem warmen Ort etwa 1 Stunde aufgehen lassen.

2. In der Zwischenzeit Salate putzen, waschen und trockenschleudern. Kirschtomaten und Radieschen ebenfalls waschen, dann halbieren bzw. in dünne Scheiben schneiden. Zwiebel schälen und in Streifen schneiden. Olivenöl, Balsamico, Salz und Pfeffer verquirlen. Crème fraîche mit Meerrettichpaste glatt rühren.

3. Ofen auf 210 °C vorheizen. Die aufgegangenen Teigkugeln auf einer bemehlten Arbeitsfläche zu runden, flachen Fladen ausrollen. Diese auf ein mit Backpapier belegtes Backblech legen und etwa 8 Minuten im Ofen backen.

4. Gebackene Pizzafladen aus dem Ofen nehmen, etwas abkühlen lassen, dann Meerrettichcreme darauf streichen. Räucherlachsscheiben, Salat, Tomaten, Radieschen und Zwiebelstreifen darauf verteilen, mit dem Olivenöl-Dressing beträufeln und mit etwas Kresse bestreut servieren.

Spinat

Wie andere gelbe und grüne Gemüsesorten hält auch Spinat den Organismus länger jung und kann, wie Studien gezeigt haben, bei Frauen den Beginn der Wechseljahre hinauszögern. Die knackigen grünen Blätter warten zwar nicht, wie früher angenommen, mit einem bemerkenswert hohen Eisengehalt auf, sind aber reich an Folsäure, die dem Schutz der Herzkranzgefäße dient und einigen Krebsarten (wie Dickdarmkrebs) vorbeugt. Zwei Phytochemicals aus der Gruppe der Carotinoide – Lutein und Zeaxanthin – schützen vor der so genannten Makuladegeneration, einer Netzhauterkrankung, die in höherem Alter oft Ursache von Erblindung ist.

Zutaten für 4 Portionen

SALAT VON JUNGEM SPINAT MIT KAROTTEN UND ORANGEN

4 junge Karotten
3 Orangen
1 rote Zwiebel
50 g frischer Ingwer
6 EL Olivenöl
2–3 EL Ahornsirup
Saft und geriebene Schale von 2 unbehandelten Limonen
Salz, Pfeffer
200 g junge Spinatblätter
100 g geräucherte Entenbrust

1. Karotten putzen, schälen und in dünne Scheiben schneiden. Orangen mit einem scharfen Messer so schälen, dass auch die weiße Haut entfernt wird. Früchte in etwa 5 mm dicke Scheiben schneiden. Diese anschließend halbieren. Zwiebel schälen und in feine Ringe schneiden. Alles miteinander mischen.

2. Ingwer schälen, fein reiben und mit Olivenöl, Ahornsirup, Limonensaft und -schale, Salz und Pfeffer verquirlen. Diese Vinaigrette über Karotten, Orangen und Zwiebelringe gießen. Den Salat 15 Minuten durchziehen lassen.

3. Spinatblätter putzen, waschen und trocken schleudern.

4. Entenbrust in dünne Scheiben schneiden und mit Spinatblättern und dem Salat anrichten.

Zutaten für 4 Portionen

LINSENSALAT MIT ARTISCHOCKEN UND GEBRATENEM HÜHNCHEN

100 g Tellerlinsen
100 g grüne Linsen
100 g rote Linsen
1 kleine Karotte
100 g fest kochende Kartoffeln
1 Bund Schnittlauch
8 kleine Artischocken
4 Hühnchenbrüste (à 150 g)
6 EL Olivenöl
Salz, Pfeffer
2–3 EL Weißweinessig
1 TL Senf
150 g Naturjoghurt
1 EL Quittengelee

1. Linsen getrennt in kochendem Wasser weich garen. Anschließend abschütten und kalt abschrecken. Karotten und Kartoffeln schälen und in kleine Würfel schneiden. Schnittlauch waschen, trockenschütteln und in Röllchen schneiden.

2. Artischocken putzen, das Heu entfernen. Böden in dünne Spalten schneiden.

3. Backofen auf 120 °C vorheizen. Hühnchenbrüste waschen, trockentupfen und in 2 EL heißem Olivenöl von beiden Seiten anbraten. Dabei mit Salz und Pfeffer würzen. Hühnchen aus der Pfanne nehmen und im Ofen weitere 15 Minuten garen.

4. Artischocken mit restlichem Olivenöl in die Pfanne geben und zusammen mit den Karotten- und Kartoffelwürfelchen knusprig braun braten. Dann mit Weißweinessig ablöschen, vom Herd nehmen und in einer Schüssel mit Senf, Joghurt und Quittengelee verrühren. Gekochte Linsen sowie den Schnittlauch untermischen. Den Salat mit Salz und Pfeffer abschmecken.

5. Hühnchenbrüste aus dem Ofen nehmen, mit dem Linsensalat anrichten und servieren.

Zutaten für 4 Portionen

MARINIERTER BLUMENKOHL MIT CREVETTEN UND KAPUZINERKRESSE

400 g Blumenkohl
2 EL Crème fraîche
1 Eigelb
1 EL Ahornsirup
50 ml Balsamico Bianco
100 ml Sonnenblumenöl
Salz, Cayennepfeffer

60 g Kapuzinerkresseblätter
80 ml Olivenöl
16 gekochte Crevetten, aus der Schale gelöst
Saft und geriebene Schale von 1 unbehandelten Zitrone

50 g gemischter Salat, gewaschen und gezupft
6–8 Kapuzinerkresseblüten

GESUNDE KÜCHE

Kapuzinerkresse enthält Senfölglykoside, die gegen eine Vielzahl von Bakterien wirksam sind. Sie ist daher ein natürliches Antibiotikum. Diese Senföle fördern die Drüsentätigkeit des Magen-Darm-Kanals. Der Vitamin-C-Gehalt ist höher als der von Zitronen. Man sagt der Kapuzinerkresse auch eine aphrodisierende Wirkung nach.

In Blumenkohl stecken Isothiocyanate und Indole. Diese Phytochemicals wirken krebshemmend und stärken die körpereigene Abwehr.

1. Blumenkohl putzen, in kleine Röschen zerteilen und in kochendem Salzwasser etwa 5 Minuten garen. Anschließend abschrecken.

2. Crème fraîche, Eigelb, Ahornsirup und Balsamico in einen Mixbecher geben, mit einem Stabmixer aufmixen und dabei langsam das Sonnenblumenöl einlaufen lassen. Mit Salz und Cayennepfeffer abschmecken. Blumenkohlröschen untermischen und 30 Minuten marinieren.

3. Kapuzinerkresseblätter waschen, trockentupfen und grob zerhacken. Blätter 5 Sekunden in kochendem Wasser blanchieren. Dann abschrecken, gut ausdrücken und mit 2/3 des Olivenöls im Mixer fein pürieren. Dabei mit Salz abschmecken.

4. Crevetten mit restlichem Olivenöl, Zitronensaft und -schale mischen und mit Salz und Pfeffer würzen. Marinierten Blumenkohl mit Kapuzinerkresseöl, Crevetten und Salatblättern anrichten. Mit einigen Kapuzinerkresseblüten bestreut servieren.

Kresse

Die zahlreichen Kressearten zählen zur Familie der Kreuzblütler, sind aber nur entfernt miteinander verwandt. Allen gemein ist der Gehalt an Glucosinulaten, die für den mehr oder weniger scharfen Geschmack verantwortlich sind, zur Abwehr von Infektionskrankheiten beitragen und die Krebsentstehung hemmen. Die in Kästchen erhältliche oder selbst gezogene Gartenkresse gilt gerade im Winter als idealer Vitaminlieferant. Brunnenkresse, die meist in fließenden Gewässern wächst, ist eine schmackhafte Salatzutat, wie auch die Kapuzinerkresse, deren orange leuchtende Blüten ebenfalls essbar und zudem äußerst dekorativ sind.

Zutaten für 4 Portionen

WÜRZIGER KRESSE-KRÄUTER-SALAT MIT SCHNITTLAUCH-CROSTINI UND BLÜTEN

1 Bund glatte Petersilie
2 Bund Schnittlauch
1 Bund Kerbel
1 Bund Dill
1 Bund Estragon
1 Bund Brunnenkresse (ca. 50 g)
30 g junge Spinatblätter
2 EL Pinienkerne
3 EL Sonnenblumenkerne
2 EL Rotweinessig
2 EL Balsamico Bianco
Salz, Pfeffer
1 Msp. Senf
1 Msp. Meerrettichpaste (aus dem Glas)
6 EL Olivenöl
1/4 Baguettebrot
100 g Frischkäse
1 Kästchen Gartenkresse
1 Kästchen japanische Shiso-Kresse (Asialaden)
50 g gemischte Sprossen
essbare Blüten zum Bestreuen (z. B. Kapuzinerkresse, Veilchen, Ringelblume, Gänseblümchen)

1. Kräuter abbrausen und trockenschütteln. Schnittlauch beiseite legen. Die Blätter der übrigen Kräuter von den Stielen zupfen. Spinatblätter waschen und trockenschleudern. Kerne in einer Pfanne rösten.

2. Die beiden Essigsorten mit Salz, Pfeffer, Senf und Meerrettichpaste verrühren. Dann das Olivenöl in dünnem Strahl unter ständigem Rühren unterschlagen.

3. Brot in 8 dünne Scheiben schneiden und unter dem Backofengrill goldbraun rösten. Schnittlauch in feine Röllchen schneiden. Brotscheiben mit etwas Frischkäse bestreichen und mit Schnittlauch bestreuen.

4. Kräuter- und Brunnenkresseblätter sowie abgeschnittene Gartenkresse und japanische Kresse mit gerösteten Kernen und dem Dressing mischen. Zusammen mit den Schnittlauch-Crostini und Sprossen anrichten. Abschließend mit frisch gezupften Blütenblättern bestreuen.

Suppen

Zutaten für 4 Portionen

KLARE TOMATENESSENZ MIT RICOTTA-BÄRLAUCH-GNOCCHI

3 Schalotten
2 Knoblauchzehen
2 EL Olivenöl
1,5 kg vollreife Tomaten
2–3 Lorbeerblätter
1 TL Pfefferkörner, grob zerstoßen
750 ml Geflügelbrühe
400 g Rindfleisch aus der Wade (Rinderhesse)
150 g Wurzelgemüse (Karotten, Sellerie, Lauch)
2 EL Tomatenmark
3 Eiweiß
100 g Bärlauch
300 g Ricotta
1 Eigelb
50 g geriebener Parmesan
100 g Mehl
Salz, Cayennepfeffer

1. Schalotten und Knoblauchzehen schälen, in Würfel schneiden und im Olivenöl glasig dünsten. Tomaten waschen, vierteln und zugeben. Lorbeerblätter und Pfefferkörner zufügen und alles gut verrühren. Die Geflügelbrühe angießen und bei milder Hitze offen etwa 30 Minuten köcheln lassen. Vom Herd nehmen und vollständig auskühlen lassen.

2. Rindfleisch in Würfel schneiden und mit dem Wurzelgemüse durch die feine Scheibe des Fleischwolfs drehen. Tomatenmark und Eiweiß unter die Fleischmasse mischen. Klärfleisch in die erkaltete Tomatensuppe geben und unter vorsichtigem Rühren bei mittlerer Hitze langsam zum Kochen bringen. Dann nicht mehr rühren und die Suppe etwa 30 Minuten bei milder Hitze ziehen lassen.

3. Bärlauch waschen, trockenschleudern und fein hacken. Zusammen mit Ricotta, Eigelb, geriebenem Parmesan und Mehl zu einem glatten Teig verkneten. Mit Salz und Pfeffer kräftig abschmecken.

4. Gnocchi-Teig in vier Stücke teilen, diese auf einer bemehlten Arbeitsfläche zu Rollen formen und in ca. 2 cm lange Stücke schneiden. In leicht kochendem Salzwasser etwa 5 Minuten garen. Anschließend abtropfen lassen und in tiefe Teller verteilen.

5. Die Suppe durch ein mit einem sauberen Stofftuch ausgelegtes Sieb gießen. Tomatenessenz nochmals erhitzen und mit Salz und Cayennepfeffer würzig abschmecken. Suppe über die Gnocchi in die Teller gießen und servieren.

GESUNDE KÜCHE
Bärlauch, auch Bärenlauch oder wilder Knoblauch genannt, wirkt durch Schwefelverbindungen (z. B. Allicin und Thiosulfonate) anregend auf die Verdauung. Außerdem werden die Herzkranzgefäße besser durchblutet, ein erhöhter Blutdruck wird gesenkt und die Herzleistung gesteigert.

Zutaten für 4 Portionen

SCHAUMSUPPE VON JUNGEN FRISCHEN ERBSEN MIT CREVETTEN UND ZUCKERSCHOTEN

2 Schalotten
1 Knoblauchzehe
50 g Butter
50 ml weißer Portwein
100 ml Weißwein
750 ml Geflügelbrühe
250 ml Sahne
100 g Zuckerschoten
3 EL Olivenöl
150 g gekochte Crevetten
Saft und geriebene Schale von 1 unbehandelten Limone
2 EL fein geschnittene Minze
Salz, Pfeffer
Zucker
300 g frische Erbsen (oder aufgetaute TK-Erbsen)
2 EL geschlagene Sahne
Pfefferminzblätter zum Bestreuen

1. Schalotten und Knoblauch schälen, fein würfeln und in 20 g aufschäumender Butter glasig dünsten. Mit Portwein und Weißwein ablöschen und Geflügelbrühe und Sahne auffüllen. Das Ganze um die Hälfte einkochen lassen.

2. In der Zwischenzeit die Zuckerschoten in heißem Olivenöl anbraten. Crevetten, Limonensaft und -schale sowie Minze dazugeben und mit Salz, Pfeffer und etwas Zucker abschmecken.

3. Die Erbsen in die eingekochte, heiße Suppe geben. Alles gründlich durchmixen, dann durch ein feines Sieb passieren.

4. Die Erbsensuppe mit Salz und Pfeffer abschmecken, restliche Butter und geschlagene Sahne zufügen und schaumig aufmixen. In tiefe Teller verteilen, Crevetten und Zuckerschoten darauf verteilen und mit Pfefferminzblättern bestreut servieren.

Erbsen

Erbsen gehören zu den ältesten Nutzpflanzen und werden heutzutage weltweit angebaut. Sie haben einen bemerkenswert hohen Gehalt an Eiweiß (besonders die getrockneten gelben Erbsen) und auch an Kohlenhydraten, die für den fein-süßlichen Geschmack sorgen. Die kleinen grünen Kugeln, in ihrer schützenden Hülle aufgereiht wie auf einer Perlenschnur, enthalten des Weiteren Phytoöstrogene, Isoflavone und Saponine. Diese Phytochemicals haben einen günstigen Einfluss auf das Immunsystem und können wahrscheinlich das Risiko von Brust- und Eierstockkrebs senken. Catechine in der Erbse wirken zudem antioxidativ. Nicht zuletzt sind sie reich an Vitamin B1 und B2, also wertvoll für Gehirn und Nerven. Beim Einkauf von frischen Erbsen gilt: 1 Kilogramm Schoten ergibt etwa 300 Gramm Erbsen.

Zutaten für 4–6 Portionen

KÜRBIS-KOKOS-SUPPE

700 g Kürbis (Hokaido)
2 Schalotten
40 g frischer Ingwer
1 kleine rote Chilischote
2–3 EL Olivenöl
1 EL Curry

1 l Gemüsebrühe
400 ml ungesüßte Kokosmilch
250 g Ricotta
2 Eigelb
80 g Kokosflocken
40 g Mehl

Salz, Pfeffer
frischer Koriander zum Garnieren
rosa Pfeffer zum Bestreuen

GESUNDE KÜCHE
Schalotten haben wie auch andere Zwiebelgewächse einen hohen Gehalt an Flavonoiden wie z. B. Quercetin. Dieses Phytochemical hemmt u. a. die Tumorentstehung und Viren, senkt den Blutdruck und stärkt die Gefäßwände.

1. Kürbis entkernen und samt Schale würfeln. Schalotten und Ingwer schälen und in dünne Scheiben schneiden. Chilischote der Länge nach halbieren, Kerne herauskratzen, Schote in Streifen schneiden.

2. Alles zusammen 2–3 Minuten in heißem Olivenöl anschwitzen. Mit Curry bestäuben und 1 weitere Minute anschwitzen. Dann mit Brühe und Kokosmilch aufgießen und etwa eine halbe Stunde bei mittlerer Hitze köcheln lassen.

3. In der Zwischenzeit Ricotta mit Eigelb, Kokosflocken und Mehl glatt rühren und mit Salz abschmecken. Dann die Masse für 30 Minuten in den Kühlschrank stellen und quellen lassen.

4. Kürbis-Kokos-Suppe fein pürieren und mit Salz und Pfeffer abschmecken.

5. Aus der Ricottamasse mit Hilfe von 2 Esslöffeln Nocken formen, diese in siedendem Salzwasser 10 Minuten ziehen lassen. Anschließend die Nocken in tiefe Teller verteilen, heiße Suppe dazugießen und mit Koriander und rosa Pfeffer bestreut servieren.

Zutaten für 4 Portionen

ÜBERBACKENES LACHSFILET MIT MEERRETTICHKRUSTE IN SCHAUMSUPPE VON JUNGEM SPINAT

3 Scheiben Toastbrot
80 g Butter
3 EL Meerrettichpaste (aus dem Glas)
Saft von 1/2 Zitrone
Salz, Pfeffer
2 Schalotten
1 Knoblauchzehe
2 EL Olivenöl
100 ml Weißwein
500 ml Gemüsebrühe
150 ml Sahne
400 g Spinat
Muskat
600 g Lachsfilet, ohne Haut und Gräten

1. Toastbrot in Würfel schneiden und in einer Küchenmaschine fein zermahlen. Butter schaumig schlagen, Meerrettich und Zitronensaft unterrühren. Gemahlenes Toastbrot zufügen und unterheben. Masse mit Salz und Pfeffer abschmecken.

2. Schalotten und Knoblauch schälen, fein würfeln und in heißem Olivenöl anschwitzen. Mit Wein ablöschen und mit Brühe und Sahne auffüllen. Bei mittlerer Hitze 15 Minuten köcheln lassen.

3. In der Zwischenzeit Spinat putzen und waschen.

4. Lachsfilet waschen, trockentupfen und mit Salz und Pfeffer würzen. Meerrettich-Krustenmasse gleichmäßig dünn auf das Lachsfilet streichen.

5. Backofengrill auf höchste Stufe vorheizen. Bestrichenes Lachsfilet im Ofen in etwa 6–8 Minuten goldbraun gratinieren. Anschließend das Filet, am besten mit einem Elektromesser, in vier gleich große Stücke schneiden. Warm halten.

6. Spinat nach und nach in die heiße Suppe geben und untermixen. Suppe kräftig mit Salz, Pfeffer und Muskat abschmecken und in tiefe Teller verteilen. Überbackene Lachsfiletstücke in die Mitte setzen und servieren.

Zutaten für 4 Portionen

SCHAUMIGES BLUMENKOHL-SÜPPCHEN MIT HUMMER

1 Blumenkohl (ca. 800 g)
3 Schalotten
2–3 EL Rapsöl
1–2 TL Zucker
150 ml Weißwein
700 ml Gemüsebrühe
150 ml Sahne
1 gekochter Hummer
Salz, Pfeffer
Saft von 1/2 Zitrone
30 g Butter
1 Prise Safran
2–3 EL Crème fraîche

1. Blumenkohl putzen und in kleine Röschen zerteilen.

2. Schalotten schälen, fein würfeln und zusammen mit den Blumenkohlröschen in heißem Rapsöl farblos anschwitzen. Dabei mit Zucker bestreuen und leicht karamellisieren lassen. Das Ganze mit Weißwein ablöschen, Brühe dazugießen und mit Sahne auffüllen. Suppe bei reduzierter Hitze etwa 20 Minuten leise kochen lassen.

3. In der Zwischenzeit das Hummerfleisch aus der Schale lösen und in kleine Stücke zerteilen.

4. Etwa ein Viertel der gekochten Blumenkohlröschen aus der Suppe nehmen und als Einlage für später reservieren. Restliche Röschen mitsamt der Suppe in einen Mixer geben und fein pürieren. Mit Salz, Pfeffer und etwas Zitronensaft abschmecken.

5. Hummerstückchen mit reservierten Blumenkohlröschen in zerlassener Butter zusammen mit Safran schwenken. Dann in tiefe Teller verteilen. Crème fraîche zur Blumenkohlsuppe geben, diese schaumig aufmixen und über die Hummerstückchen und Blumenkohlröschen in die Teller gießen.

GESUNDE KÜCHE

Blumenkohl ist dank seiner zarten Zellstruktur sehr bekömmlich und tut damit vor allem Magen und Darm Gutes, wo er zudem krebsvorbeugend wirkt. Außer diversen Vitaminen enthält er auch eher seltene Spurenelemente wie Zink, Kupfer, Jod und Fluor, die man für einen vitalen Organismus regelmäßig aufnehmen sollte.

Zutaten für 4 Portionen

KAROTTEN-INGWER-SUPPE MIT KOKOSSCHAUM UND CURRY

400 g Karotten
20 g frischer Ingwer
50 g Butter
1 EL Zucker
750 ml Gemüsebrühe
150 ml ungesüßte Kokosmilch
Salz, Pfeffer
2 TL Currypulver

1. Karotten putzen, schälen und in dünne Scheiben schneiden. Ingwer schälen und fein würfeln. Beides zusammen in zerlassener Butter anschwitzen. Zucker darüber streuen und leicht karamellisieren lassen.

2. Gemüsebrühe dazugießen und Suppe bei mittlerer Hitze etwa 20 Minuten köcheln lassen.

3. 1/3 der gekochten Karottenscheiben aus der Brühe nehmen und in vorgewärmte Tassen verteilen. Den Rest mit der Brühe in einem Mixer fein pürieren und durch ein Sieb passieren.

4. Kokosmilch erhitzen und mit einem Pürierstab oder einem Milchschäumer schaumig mixen.

5. Suppe mit Salz und Pfeffer abschmecken, in die Tassen füllen, Kokosschaum darauf verteilen und mit Curry bestäubt servieren.

Zutaten für 4 Portionen

GEFLÜGELBOUILLON MIT SHIITAKE-NUDELROULADE

4 Lasagneblätter
400 g Shiitake-Pilze
2 Schalotten
1 Knoblauchzehe
30 g Butter
Salz, Pfeffer
2 EL gehackte Petersilie
30 g frisch geriebener Parmesan
800 ml kräftige Geflügelbrühe
Schnittlauch zum Garnieren

1. Lasagneblätter in kochendem Salzwasser bissfest kochen. Anschließend kalt abbrausen und auf einem Küchentuch trockentupfen.

2. Die Pilze putzen und in möglichst kleine Würfel schneiden. Schalotten und Knoblauch schälen und ebenfalls fein würfeln.

3. Butter in einer Pfanne zerlassen, Schalotten, Knoblauch und Pilze darin andünsten. Dabei mit Salz und Pfeffer würzen. Die Pilze etwas abkühlen lassen, dann Petersilie und Parmesan untermischen.

4. Pilzmasse dünn und gleichmäßig auf die Lasagneblätter streichen. Diese nun von der schmalen Seite her sorgfältig aufrollen und in ca. 2–3 cm breite Stücke schneiden. Je 3 davon in tiefe Teller setzen.

5. Die Brühe erhitzen und über die Pilz-Rouladen gießen. Mit Schnittlauchhalmen garnieren.

GESUNDE KÜCHE

Als ausgesprochen heilkräftig gelten die aus dem Fernen Osten stammenden und mittlerweile auch bei uns beliebten Shiitake-Pilze. Sie enthalten Stoffe mit pharmakologischer Wirkung wie Thioprolin, ein Nitritfänger, Eritadenin, das vor Herzinfarkt und Schlaganfall schützt und den Cholesterinspiegel senkt, sowie Beta-Glucane mit krebshemmendem Effekt. Bemerkenswert ist der Gehalt an den Vitaminen B12 und D2, die in grünen Pflanzen nicht vorkommen.

Zutaten für 4 Portionen

KALTE GURKEN-JOGHURT-SUPPE MIT OLIVENÖL

1 Salatgurke
400 g Naturjoghurt
150 ml Buttermilch
1 Bund Dill
Salz, Cayennepfeffer
6 EL Olivenöl
Dill zum Bestreuen

1. Gurke schälen, grob raspeln und mit Joghurt und Buttermilch mischen.

2. Die Hälfte davon in einen Mixer geben, fein pürieren, zur restlichen Gurken-Joghurt-Mischung geben und verrühren.

3. Dill abbrausen, trockenschütteln, Kraut von den Stielen zupfen und hacken.

4. Gehackten Dill unter die Suppe rühren und diese mit Salz und Cayennepfeffer würzig abschmecken. Kühl stellen.

5. Kalte Gurken-Joghurt-Suppe in tiefe Schalen füllen und mit Olivenöl beträufeln. Eventuell mit gezupftem Dill bestreuen.

GESUNDE KÜCHE

Ein optimales Anti-Aging-Gericht: Gurken wirken harntreibend, regulieren die Verdauung und verbessern den Teint. Olivenöl ist reich an einfach ungesättigten Fettsäuren, die beim Zellstoffwechsel eine große Rolle spielen. Und Joghurt fördert das Wachstum lebenswichtiger Darmbakterien, die eine Vielzahl von Vitaminen wie Biotin und Folsäure aufbauen.

Joghurt

Joghurt, aber auch andere Sauermilchprodukte wie zum Beispiel Kefir und Buttermilch, leisten für Magen und Darm unschätzbare Dienste. Probiotische Bakterien können die Besiedelung des Magens mit dem Bakterium Helicobacter pylori, das Magengeschwüre verursacht und neuerdings auch mit Magenkrebs sowie Migräne in Verbindung gebracht wird, vermindern. Joghurt fördert außerdem das Wachstum nützlicher Bakterien im Darm, die Erstaunliches beim Vitaminaufbau leisten. So bilden sie Pantothensäure, Biotin, Lactoflavin, Folsäure, Vitamin B12 und Vitamin K – lauter Substanzen, die eine besondere Rolle im Stoffwechselgeschehen spielen.

Zutaten für 4–6 Portionen

SCHAUMSUPPE VON BRAUNEN LINSEN

200 g braune Linsen
2 Schalotten
2 Knoblauchzehen
1 Karotte
50 g Knollensellerie
50 g Butter
1 l Geflügelbrühe
100 ml Sahne
Salz, Pfeffer
1 EL Senf
3–4 EL alter Aceto Balsamico
4 Scheiben Parmaschinken
Petersilie zum Garnieren

1. Linsen über Nacht einweichen.

2. Schalotten, Knoblauch, Karotte und Sellerie schälen und fein würfeln. Butter in einem großen Topf zerlassen und die Gemüsewürfel darin anschwitzen. Die Linsen abschütten und zugeben. Die Geflügelbrühe angießen und die Suppe bei mittlerer Hitze 20 Minuten köcheln lassen. Anschließend durch ein nicht zu feines Sieb in einen anderen Topf gießen. Die Hälfte der aufgefangenen Linsen reservieren, die andere Hälfte in die Suppe zurückgeben.

3. Sahne zugießen, weitere 5 Minuten köcheln lassen, dabei mit Salz und Pfeffer kräftig würzen. Suppe mit Senf in einem Mixer pürieren und durch ein feines Sieb passieren.

4. Reservierte Linsen mit dem Balsamico mischen und in die Mitte von tiefen Tellern verteilen. Je eine Scheibe Parmaschinken darauf legen. Die Linsensuppe schaumig aufmixen, in die Teller geben und mit Petersilie garnieren.

GESUNDE KÜCHE

Linsen gelten als wahre Kraft- und Nervennahrung. Sie sind reich an Vitamin B, Eisen, Magnesium und Phosphor. Außerdem enthalten sie Catechine, die antioxidativ wirksam sind. Saponine scheinen vor einer Ausbildung von Krebs zu schützen.

Johann Lafer
JOHANN LAFER
www.johannlafer.

Vegetarische Gerichte

Zutaten für 4 Portionen

KRÄUTER-GNOCCHI MIT GAZPACHO-DRESSING

1 rote Paprikaschote
1 gelbe Paprikaschote
1/2 Salatgurke
1 rote Zwiebel
1 Knoblauchzehe
150 ml Tomatensaft
3 EL Rotweinessig
6 EL Olivenöl
Salz, Pfeffer
100 g gemischte Kräuter (z. B. Petersilie, Majoran, Estragon, Bärlauch)
400 g Ricotta
3 Eigelb
50 g geriebener Parmesan
150 g Mehl
50 g Butter
Kräuterblätter zum Bestreuen

1. Paprika waschen, vierteln, Kerne und Strunk entfernen. Die Viertel in kleine Würfel schneiden. Gurke schälen, der Länge nach vierteln, Kerne herausschneiden. Gurkenviertel klein würfeln. Zwiebel schälen und ebenfalls klein würfeln.

2. Knoblauch schälen, fein reiben und mit Tomatensaft, Essig und Olivenöl verquirlen. Gemüsewürfelchen unterrühren und das Dressing mit Salz und Pfeffer abschmecken.

3. Kräuter waschen, trockenschleudern und fein hacken. Zusammen mit Ricotta, Eigelb, geriebenem Parmesan und Mehl zu einem glatten Teig verkneten. Teig mit Salz und Pfeffer kräftig abschmecken.

4. Gnocchi-Teig in vier Stücke teilen, diese auf einer bemehlten Arbeitsfläche zu Rollen formen und in etwa 2 cm lange Stücke schneiden.

5. Gnocchi in leicht kochendes Salzwasser geben und darin etwa 5 Minuten garen. Anschließend herausheben, etwas abtropfen lassen, in zerlassener Butter anbraten und mit dem Dressing anrichten. Einige Kräuterblätter darüber streuen und servieren.

GESUNDE KÜCHE

Paprika, vor allem der rote, ist reich an Vitamin C – der Gehalt in 100 Gramm entspricht dem doppelten Tagesbedarf eines Erwachsenen. Das enthaltene Beta-Carotin stärkt das Immunsystem und hemmt die Krebsentstehung.

Zutaten für 4 Portionen

BROKKOLICREME MIT VOLLKORNCRÊPE-ROULADE UND KÜRBISKERNÖL

200 ml Milch
2 Eier
80 g Vollkornmehl
25 g Kürbiskerne
25 g Sonnenblumenkerne
3–4 EL Öl für Crêpes
ca. 800 g Brokkoli
2 Schalotten
1 Knoblauchzehe
2 EL Rapsöl
100 ml weißer Portwein
100 ml Weißwein
700 ml Gemüsebrühe
150 ml Sahne
3–4 EL Olivenöl
Salz, Pfeffer
4–6 EL Kürbiskernöl

GESUNDE KÜCHE

Regelmäßiger Genuss von Vollkornprodukten senkt das Risiko für bestimmte Krebserkrankungen, Schlaganfall und eine Koronare Herzerkrankung.

Das grünbraune Kürbiskernöl enthält etwa 50 % mehrfach ungesättigte Fettsäuren, die wichtige Stoffwechselfunktionen besitzen. Auch der Gehalt an wertvollen Mineralstoffen ist mit 5 % vergleichsweise hoch.

1. Milch, Eier und Mehl mit einer Prise Salz zu einem glatten Teig verrühren. Kürbis- und Sonnenblumenkerne fein hacken.

2. Teig portionsweise in eine heiße beschichtete Pfanne mit ein wenig Öl gießen, gehackte Kerne darauf streuen. Crêpe wenden und fertig backen. Auf die gleiche Weise drei weitere Crêpes backen.

3. Brokkoli putzen, in einzelne Röschen teilen und in kochendem Salzwasser etwa 4 Minuten garen. Anschließend in Eiswasser abschrecken.

4. Schalotten und Knoblauch schälen, fein würfeln und in heißem Rapsöl glasig dünsten. Mit Portwein und Weißwein ablöschen, dann mit Brühe und Sahne auffüllen. Das Ganze um ein Drittel einkochen lassen.

5. Ein Drittel der gekochten Brokkoliröschen zusammen mit Olivenöl in einer Küchenmaschine fein pürieren und mit Salz und Pfeffer würzen. Brokkolipüree auf die vier Crêpes streichen und diese einrollen. Rouladen im 100 °C heißen Ofen warm halten.

6. Restliche Brokkoliröschen in die eingekochte Suppe geben, fein pürieren und mit Salz und Pfeffer abschmecken.

7. Crêpe-Rouladen aus dem Ofen nehmen und in Stücke schneiden. Brokkolicreme in tiefe Teller füllen, Rouladenstücke hineinsetzen und mit Kürbiskernöl beträufelt servieren.

Brokkoli

Der ursprünglich aus Kleinasien stammende Brokkoli ist ein wahres Wundergemüse in Sachen Phytochemicals. Er enthält Sulphoraphan und Indol-3-Carbinol, die krebsauslösende Substanzen unschädlich machen können. Ein regelmäßiger Genuss von Brokkoli reduziert das Risiko für Brust-, Dickdarm- und Magenkrebs, die am häufigsten vorkommenden Krebsarten. Brokkoli kann auch, wie Laborversuche gezeigt haben, das schädliche Bakterium Helicobacter pylori zerstören. Bemerkenswert ist zudem der Gehalt an Vitamin C, der sogar höher ist als der von Orangen. Außer den Röschen sind auch die Stiele und die zarten Blätter essbar – am besten kurz garen und dann gründlich kauen, so werden die wertvollen Inhaltsstoffe am besten freigesetzt.

Zutaten für 4 Portionen

WARMER SALAT VON VOLLKORNNUDELN UND JUNGEM GEMÜSE MIT KARAMELLTOMATEN

1 rote Paprikaschote
1 kleine Zucchini
1 kleine Aubergine
1 rote Zwiebel
1 Knoblauchzehe
1 Karotte
300 g Vollkornnudeln

100 g frische Erbsen
6 EL Olivenöl
3 EL Balsamico Bianco
100 g Maiskörner (aus der Dose)
2 EL gehackte Petersilie

Salz, Pfeffer
1 TL Paprikapulver, edelsüß
4 Rispen à 3–5 Kirschtomaten
ca. 3 EL Zucker

1. Paprika waschen, vierteln, entkernen und klein würfeln. Ebenso die Zucchini und die Aubergine in kleine Würfel schneiden. Zwiebel, Knoblauch und Karotte schälen und auch klein würfeln.

2. Nudeln in Salzwasser bissfest kochen. Kurz vor Ende der Garzeit die Erbsen zufügen und 1 Minute mitkochen. Danach alles zusammen abtropfen lassen und kalt abschrecken.

3. Zwiebel und Knoblauch in 4 EL heißem Olivenöl andünsten. Gemüsewürfel zufügen und kurz mitbraten. Mit Balsamico ablöschen, vom Herd ziehen und abgetropfte Maiskörner untermischen.

4. Nudeln samt Erbsen und Petersilie unter das gedünstete Gemüse heben. Salat mit Salz, Pfeffer und Paprikapulver abschmecken.

5. Backofengrill vorheizen. Kirschtomaten waschen, trockentupfen, großzügig mit dem restlichen Olivenöl beträufeln und in dem Zucker wälzen. Tomatenrispen auf ein Backblech legen und etwa 4–5 Minuten unter dem Grill karamellisieren. Die fertigen Tomaten mit dem Salat anrichten.

Zutaten für 4 Portionen

ÜBERBACKENE CANNELLONI VON GRÜNEN BOHNEN MIT BOHNENKRAUT-SABAYON

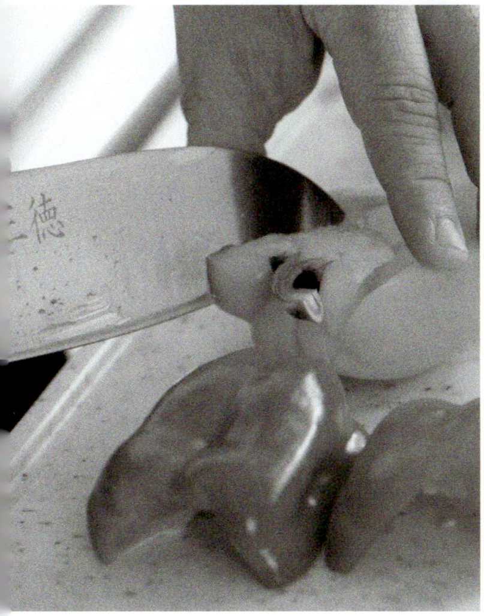

400 g gemischte Bohnen
(z. B. Keniabohnen, Stangenbohnen, Buschbohnen)
8 Lasagneblätter

1/2 Bund Bohnenkraut
3 Eigelb
100 ml Wermut
100 ml Olivenöl

Salz, Pfeffer
Saft von 1/2 Zitrone
50 g frisch geriebener Parmesan

1. Bohnen putzen und in kochendem Salzwasser etwa 5 Minuten garen. Anschließend in kaltem Wasser abschrecken.

2. Lasagneblätter in kochendem Salzwasser bissfest garen, dann in kaltem Wasser abschrecken.

3. Gekochte Bohnen in kleine Bündel aufteilen und mit je einem Nudelblatt umwickeln. Bohnen-Canelloni nebeneinander in eine mit Olivenöl ausgefettete Auflaufform setzen.

4. Ofen auf 200 °C vorheizen. Gewaschenes Bohnenkraut von den Stielen zupfen, fein hacken und mit Eigelb und Wermut in einer Schüssel über einem heißen Wasserbad schaumig aufschlagen. Schüssel vom Wasserbad nehmen, Olivenöl nach und nach unterrühren. Sabayon mit Salz, Pfeffer und Zitronensaft abschmecken und über die Cannelloni gießen. Parmesan darüber streuen und etwa 15 Minuten im Ofen backen.

Bohnen

Eine Warnung vorweg: Bohnen können der Gesundheit auch schaden, allerdings nur dann, wenn man sie roh isst. Durch Kochen oder Dünsten wird die giftige Eiweißverbindung Phasin zerstört. Danach tut dieses vielseitig verwendbare und artenreiche Gemüse dem Körper nur Gutes. Wie andere Hülsenfrüchte sind Bohnen neben Nüssen wichtige Lieferanten von pflanzlichem Eiweiß. Sie enthalten zudem reichlich Phytochemicals. Flavonoide schützen vor Herzinfarkt, Saponine senken einen erhöhten Cholesterinspiegel, wirken immunstimulierend sowie antibiotisch, und Phytoöstogene bieten Schutz vor hormonabhängigen Krebsarten. Damit sind Bohnen ein ideales und noch dazu wohlschmeckendes Vorbeugungs- und Heilmittel.

Zutaten für 4 Portionen

MIT COUSCOUS-SALAT GEFÜLLTE STRAUCHTOMATEN

12 mittelgroße Strauchtomaten
150 ml Gemüsebrühe
100 g Instant-Couscous
1 Zweig Minze
2 Schalotten
1 Knoblauchzehe
6 EL Olivenöl
50 ml Balsamico Bianco
3 EL geröstete Pinienikerne
75 g Fetakäse
Salz, Pfeffer
Zimt
Zucker

1. Tomaten waschen. Den oberen Teil wie einen Deckel abschneiden und die Tomaten mit einem Löffel vorsichtig aushöhlen.

2. Brühe aufkochen, über den Couscous gießen und ca. 5 Minuten quellen lassen. Minze waschen, trockenschütteln, Blätter abzupfen und hacken.

3. Schalotten und Knoblauch schälen, fein würfeln und in 2 EL Olivenöl andünsten. Mit Balsamico ablöschen und zusammen mit Pinienkernen, Minze und zerbröckeltem Fetakäse unter den Couscous mischen. Mit Salz, Pfeffer und etwas Zimt abschmecken.

4. Couscous-Mischung in die Tomaten füllen, Deckel wieder auflegen und nebeneinander in eine feuerfeste Form setzen.

5. Die gefüllten Tomaten mit dem restlichen Olivenöl beträufeln. Mit Salz, Pfeffer und etwas Zucker würzen und ca. 10 Minuten im 200 °C heißen Ofen garen.

GESUNDE KÜCHE

Im frischen Zustand enthalten Tomaten die Vitamine A, B, C und E in so großer Menge wie nur wenige pflanzliche Nahrungsmittel. Sie sind auch reich an eher selten vorkommenden Mineralien wie Kupfer, Radium, Bor, Nickel und Kobalt.

Zutaten für 4 Portionen

ÜBERBACKENE ROTKRAUT-NUDELSCHNECKEN

1 Ei
2 Eigelb
300 g Mehl
1 EL Olivenöl
1 Rotkohl (ca. 800 g)
2 Zwiebeln
2–3 EL Gänseschmalz

1 EL Zucker
3 Nelken
1 Zimtstange
2 Lorbeerblätter
3 EL Obstessig
150 ml Rotwein
Salz, Pfeffer

150 g saure Sahne
100 g geriebener Emmentaler Käse

GESUNDE KÜCHE

Der Rotkohl, der zubereitet auch Rot- oder Blaukraut genannt wird, verdankt seine Farbe den Anthocyanen. Diese Phytochemicals, die z. B. auch in Blaubeeren und Rotwein vorkommen, schützen als Antioxidantien vor Herzinfarkt, Schlaganfall und entzündlichen Prozessen. Zur großen Familie der Kreuzblütler gehörend, enthält der Rotkohl schwefelartige Öle, die die Verdauung fördern und krebshemmend wirken.

1. Das Ei mit Eigelb, Mehl, Öl und 1 Prise Salz zu einem glatten Nudelteig kneten. Diesen in Folie wickeln und für 1 Stunde kühl stellen.

2. In der Zwischenzeit Rotkohl vierteln und Strunk entfernen. Kohlviertel in feine Streifen schneiden. Zwiebeln schälen und ebenfalls in feine Streifen schneiden.

3. Zwiebelstreifen in heißem Gänseschmalz farblos anschwitzen, mit Zucker bestreuen und leicht karamellisieren lassen. Rotkrautstreifen und Gewürze zufügen und mit anschwitzen. Das Ganze mit Obstessig ablöschen. Rotwein dazugießen und bei niedriger Hitze etwa 15 Minuten zugedeckt dünsten. Dabei mit Salz und Pfeffer würzen. Anschließend das Rotkraut erkalten lassen. Gewürze entfernen.

4. Nudelteig auf einer bemehlten Arbeitsplatte dünn ausrollen und in etwa 3 cm breite und 20 cm lange Streifen schneiden. Abgekühltes Rotkraut dünn auf den Teigstreifen verteilen und das Ganze zu Schnecken aufrollen. Diese nebeneinander aufrecht in eine gefettete Auflaufform setzen.

5. Ofen auf 180 °C vorheizen. Saure Sahne glatt rühren und als Klecks auf jede Nudelschnecke verteilen. Mit Käse bestreuen und im Ofen in etwa 30 Minuten goldbraun backen.

Zutaten für 4 Portionen

KÜRBISSCHNITZEL IN KÜRBISKERNPANADE MIT KOPFSALAT IN ORANGEN-VINAIGRETTE

600 g Muskatkürbis
Salz, Pfeffer
500 ml Orangensaft
80 ml Olivenöl
Saft und geriebene Schale von 1 Limone

2 Kopfsalate
100 g Kürbiskerne
60 g Amaretti (ital. Gebäck)
50 g Mehl
1 Msp. Muskat

1/2 TL Zimt
2 Eier
80 g Butterschmalz

1. Ofen auf 200 °C vorheizen. Kürbis schälen, dann in ca. 1 cm dicke Scheiben schneiden. Diese salzen und pfeffern, in Alufolie wickeln und etwa 10 Minuten im Ofen garen. Danach auspacken und abkühlen lassen.

2. In der Zwischenzeit Orangensaft auf 150 ml einkochen lassen. Das Olivenöl mit einem Pürierstab langsam untermixen. Vinaigrette mit Salz, Pfeffer, Limonensaft und -schale abschmecken. Abkühlen lassen. Kopfsalat putzen, waschen und trockenschleudern.

3. Kürbiskerne und Amaretti in einer Küchenmaschine fein zerhacken. Mehl mit Muskat und Zimt würzen. Kürbisscheiben im gewürzten Mehl wenden und durch verquirltes Ei ziehen. Anschließend in der Kürbiskern-Amaretti-Mischung panieren.

4. Kürbisschnitzel in heißem Butterschmalz von beiden Seiten ausbacken, dann auf Küchenpapier abtropfen lassen. Kopfsalat mit Orangen-Vinaigrette anmachen und die Kürbisschnitzel dazu servieren.

Kürbis

Gesundheitsfördernde Eigenschaften besitzt dieses auch optisch bemerkenswerte Gemüse in Hülle und Fülle. Und es steht der gesunden Küche auf vielfältige Weise zur Verfügung: Das Fruchtfleisch wird gerne als Suppe serviert (der Kürbis wärmt von innen!), die Kerne und das aus ihnen gewonnene Öl bereichern mit ihrem unvergleichlichen Geschmack viele Speisen. Der Kürbis, der schon in den Schriften des Hippokrates häufig Erwähnung findet, wirkt harntreibend und stärkt das Immunsystem. Neben vielen anderen Nährstoffen wie Mineralien ist es das reichlich vorhandene Beta-Carotin, das den Kürbis auszeichnet. Dieser Pflanzenstoff trägt zur Verlangsamung des Alterungsprozesses bei und schützt vor bestimmten Krebsarten. Und Salicylsäure, die auch zur Herstellung von Aspirin verwendet wird, hemmt Entzündungen.

Zutaten für 4 Portionen

GEBACKENER TOFU IN SESAMPANADE MIT BUNTEM WOK-GEMÜSE

150 g Zuckerschoten
2 Karotten
4 Stangen Frühlingszwiebeln
1 Paksoi (Asialaden; ersatzweise Mangold)
1 rote Paprikaschote
1 gelbe Paprikaschote
8 frische Mini-Maiskolben
2 Mini-Auberginen
400 g Tofu
Salz, Pfeffer
50 g Mehl
2 Eier
100 g Sesamkörner
3 EL Sesamöl
1 TL gelbe Currypaste (Asialaden)
120 ml ungesüßte Kokosmilch
Zucker
80 ml Erdnussöl
frischer Koriander zum Garnieren

1. Zuckerschoten putzen und diagonal halbieren. Karotten schälen und in schräge Scheiben schneiden. Frühlingszwiebeln waschen und in Stücke schneiden. Paksoi in ca. 2 cm breite Streifen schneiden. Paprikaschoten waschen, halbieren, entkernen und in Streifen schneiden. Maiskölbchen der Länge nach halbieren. Auberginen waschen und in dicke Scheiben schneiden.

2. Tofu abtropfen lassen, trockentupfen und in 2 cm dicke Scheiben schneiden. Diese salzen, pfeffern, in Mehl wenden, dann durch verquirltes Ei ziehen. Danach in Sesam panieren.

3. Sesamöl in einem Wok erhitzen. Zuerst Karotten, Paprikastreifen und Maiskölbchen scharf anbraten. Dann Zuckerschoten und Frühlingszwiebeln zufügen, zum Schluss Auberginen, Paksoi und Currypaste unterheben. Kokosmilch zum Gemüse gießen, noch etwas kochen lassen, dabei mit Salz, Pfeffer und Zucker abschmecken.

4. Panierte Tofuschnitzel in heißem Erdnussöl von beiden Seiten goldbraun ausbacken, dann auf Küchenpapier abtropfen lassen. Mit dem Wok-Gemüse und frischem Koriander servieren.

GESUNDE KÜCHE
Sesam enthält die antioxidativ wirksamen Phenole Sesamol und Sesaminol. Die kleinen Körner sind reich an ungesättigten Fettsäuren, die für den Stoffwechsel bedeutsam sind.

Tofu

Der unscheinbare Tofu, auch Sojakäse oder -quark genannt, ist ein kulinarischer Tausendsassa. Er wird in einem aufwändigen Verfahren aus Sojabohnen hergestellt. Soja schützt dank verschiedener Phytochemicals auf vielfältige Weise vor Herzerkrankungen und Krebs. In Japan, wo man sich traditionell mit Sojaprodukten ernährt, gibt es im Vergleich zu anderen Ländern die meisten über Hundertjährigen – womit dieses Nahrungsmittel ein Anti-Aging-Mittel par excellence ist. Das hochwertige Sojaprotein kann fleischliches Protein vollständig ersetzen und senkt vor allem das „schlechte" LDL-Cholesterin. Außerdem verbessert es wie die Isoflavone die Funktion der Blutgefäße. Da Tofu einen sehr neutralen Eigengeschmack hat, eignet er sich hervorragend als Träger unterschiedlichster Gewürze.

Zutaten für 4 Flammkuchen

KAROTTEN-FLAMMKUCHEN

15 g Hefe
250 g Mehl
Zucker
Salz
500 g junge Karotten
150 g durchwachsener Speck
200 g Crème fraîche
Pfeffer
4 EL Olivenöl
2 Zweige Koriander
2 Zweige Estragon
3 Zweige glatte Petersilie

1. Hefe in 125 ml lauwarmes Wasser bröseln und glatt rühren. Mehl und je 1 Prise Zucker und Salz zufügen und alles zu einem glatten Teig verkneten. Anschließend etwa 30 Minuten gehen lassen.

TIPP
Wenn Sie es rein vegetarisch mögen, können Sie selbstverständlich den Speck weglassen.

2. Währenddessen Karotten schälen und in dünne Scheiben schneiden oder hobeln. Speck in Streifen schneiden.

3. Ofen auf 250 °C vorheizen. Flammkuchenteig in vier Portionen teilen und auf einer bemehlten Arbeitsfläche sehr dünn ausrollen. Teigfladen auf ein gefettetes Blech oder in runde Pizzableche legen. Teigböden mit Crème fraîche gleichmäßig bestreichen, Karottenscheiben und Speckstreifen darauf verteilen. Mit Salz und Pfeffer würzen und mit Öl beträufeln.

4. Flammkuchen etwa 10–12 Minuten im Ofen backen. Währenddessen Kräuter abbrausen, trockenschütteln und Blätter von den Stielen zupfen.

5. Gebackene Flammkuchen mit Kräuterblättern bestreut servieren.

Karotten

Karotten enthalten Beta-Carotine und Terpene. Dank dieser Phytochemicals besitzen sie eine schützende Wirkung gegen Lungenkrebs und haben einen positiven Einfluss auf das Immunsystem. Sie verbessern auch die Lungenfunktion und scheinen den Alterungsprozess zu verlangsamen. Karotten sind reich an Mineralien, Spurenelementen und ätherischen Ölen. Vor allem der Gesundheit förderlich ist das in beachtlicher Menge vorhandene Vitamin A, ein ausgewiesener Schutzstoff vor diversen Leiden, vorausgesetzt, die Karotten werden mit ein wenig Fett, zum Beispiel Olivenöl, zubereitet und gegessen.

Zutaten für 4 Brotscheiben

VOLLKORNBROT MIT MEERRETTICH-FRISCHKÄSE UND ROTE-BETE-APFEL-TARTAR

150 g Frischkäse
2–3 EL frisch geriebener Meerrettich
Salz, Pfeffer
Saft von 1/2 Zitrone
1 kleiner Apfel
1 kleine Rote Bete, gekocht
1 Bund Schnittlauch
3 EL Rapsöl
1 EL Apfelessig
4 Scheiben Vollkornbrot
Schnittlauch zum Garnieren

GESUNDE KÜCHE

Rote Bete regt die Tätigkeit von Magen, Darm, Leber sowie Gallenblase an und wirkt harntreibend. Dank ihres Gehalts an Saponinen und Flavonoiden stimuliert sie das Immunsystem und hat krebshemmende Wirkung. Achtung: Menschen, die zu Nierensteinen neigen, sollten Rote Bete wegen der in ihr enthaltenen Oxalsäure nur in Maßen genießen.

Äpfel können durch den hohen Gehalt an Vitamin C und vor allem Quercetin zur Krebsvorsorge verwendet werden. Sie senken auch den Cholesterinspiegel und halten den Blutzuckerspiegel konstant. Außerdem sind sie reich an antioxidativ wirksamen Phytochemicals.

1. Frischkäse mit fein geriebenem Meerrettich glatt rühren und mit Salz, Pfeffer und etwas Zitronensaft abschmecken.

2. Apfel waschen und entkernen. Rote Bete und Apfel klein würfeln, Schnittlauch in feine Röllchen schneiden. Alles zusammen mit Rapsöl und Essig mischen. Den Tartar mit Salz und Pfeffer würzen.

3. Die Brotscheiben großzügig mit Meerrettich-Frischkäse bestreichen. Jeweils etwas vom Rote-Bete-Apfel-Tartar darauf verteilen und mit Schnittlauch garnieren.

Zutaten für 12 kleine Quiches

KLEINE ERBSEN-QUICHE MIT MINZE

225 g Mehl
110 g Butter
Salz
1 Zwiebel
2 Knoblauchzehen
2–3 EL Olivenöl
2–3 Zweige frische Minze
300 g TK-Erbsen, aufgetaut
4 Eier
250 ml Sahne
Salz, Pfeffer
50 g frisch geriebener Parmesan

1. Mehl, Butter, eine Prise Salz und etwa 50 ml Wasser zu einem glatten Teig verkneten. Diesen in Folie wickeln und eine Stunde kühl stellen.

2. Zwiebel und Knoblauch schälen und fein würfeln. Beides zusammen in heißem Olivenöl andünsten. Dann abkühlen lassen. Minze waschen, trockenschütteln, Blätter abzupfen und in feine Streifen schneiden. Diese mit den Erbsen mischen.

3. Ofen auf 200 °C vorheizen. Ein Muffinbackblech ausfetten. Teig auf einer mit Mehl bestäubten Arbeitsfläche dünn ausrollen. Dann Kreise mit einem Durchmesser von etwa 10–12 cm ausstechen und in die Vertiefungen des Backblechs legen.

4. Zuerst angedünstete Zwiebel-Knoblauch-Mischung auf die Teigböden verteilen, dann die Erbsen mit der Minze.

5. Eier mit Sahne verquirlen und mit Salz und Pfeffer würzen. Den Guss über die Erbsen gießen und mit Parmesan bestreuen. Quiches etwa 30 Minuten im Ofen backen.

Vollkornprodukte

Vollkorn besteht zu sage und schreibe 85 % aus Nährstoffen wie Kohlenhydrate, Mineralstoffe und Eiweiß. Faserstoffe wie Beta-Glucan senken einen erhöhten Cholesterinspiegel, indem sie das Cholesterin im Darm binden und ausscheiden. Auch andere toxische Substanzen wie zum Beispiel Gallensäuren, von denen einige als krebserregend gelten, werden auf diese Weise unschädlich gemacht. Produkte aus Volkorn senken das Risiko für Schlaganfall und Koronare Herzerkrankungen. Vor allem Roggen ist reich an Vitaminen, Mineralien, Antioxidantien und Lignanen. Letztere werden zu hormonähnlichen Substanzen umgewandelt, wodurch Roggen vor Prostatakrebs zu schützen scheint. Vollkornprodukte tragen auch zur Gewichtskontrolle bei, da beim Verzehr rasch ein Sättigungsgefühl einsetzt. Brot aus Vollkorn macht also keineswegs dick!

Fisch

Zutaten für 4 Portionen

SALAT VON PAPAYA, ZUCKERSCHOTEN UND ERBSEN MIT GEGRILLTEM SEETEUFELMEDAILLON

2 Schalotten
50 g frischer Ingwer
2 Knoblauchzehen
1 rote Chilischote
2 EL Sesamöl
4–6 EL Olivenöl
Saft und geriebene Schale von 2 unbehandelten Limonen
2 EL Ahornsirup
4 Stangen Zitronengras
8 Seeteufelmedaillons (à 40 g)
2–3 EL Sojasoße
2 Papayas
100 g Zuckerschoten
150 g frische Erbsen
2 Zweige Koriander
2 EL Weißweinessig
Salz, Pfeffer

1. Schalotten, Ingwer und Knoblauch schälen und fein würfeln. Chilischote der Länge nach halbieren, entkernen und in möglichst feine Streifen schneiden.

2. Die beiden Ölsorten mit Limonensaft und -schale sowie Ahornsirup verquirlen. Schalotten, Ingwer, Knoblauch und Chili zufügen und unterrühren.

3. Zitronengras der Länge nach halbieren und spitz zuschneiden. Seeteufelmedaillons waschen, trockentupfen und jeweils mit einem Zitronengrasspieß durchbohren. Dann in eine flache Schale legen. Die Hälfte der Marinade mit Sojasoße verrühren und über die Fischmedaillons gießen. Zugedeckt im Kühlschrank etwa 1 Stunde marinieren.

4. In der Zwischenzeit die Papayas schälen, halbieren und die Kerne mit einem Löffel herauskratzen. Papayahälften in dünne Spalten schneiden. Zuckerschoten putzen, diagonal halbieren und zusammen mit den Erbsen in kochendem Salzwasser etwa 1 Minute garen. Anschließend kalt abschrecken.

5. Koriander waschen und trockenschütteln. Die Blätter abzupfen, grob hacken und zusammen mit Weißweinessig unter die restliche Marinade rühren. Vinaigrette mit Papayaspalten, Erbsen und Zuckerschoten mischen. Den Salat mit Salz und Pfeffer abschmecken.

6. Seeteufelmedaillons aus der Marinade nehmen, mit Salz und Pfeffer würzen und in einer heißen Pfanne oder auf einem heißen Grill auf jeder Seite etwa 4 Minuten braten. Mit dem Salat servieren.

Fisch

Fettreiche Fischarten wie Makrele, Thunfisch, Hering und Lachs sollten mindestens zweimal pro Woche auf dem Speiseplan stehen. Sie sind nicht nur reich an hochwertigem Eiweiß, sondern enthalten auch wertvolle Fette. Insbesondere die Omega-3-Fettsäuren sind der Gesundheit auf vielerlei Weise förderlich: Sie senken das Cholesterin, lassen das Blut besser fließen, reduzieren die Gefahr eines plötzlichen Herzstillstandes, steigern die Immunabwehr, wirken der Zellalterung entgegen und hemmen die Bildung von Entzündungssubstanzen, die vor allem bei chronischen Erkrankungen eine bedeutsame Rolle spielen. Neuere Studien zeigen auch, dass diese Fettsäuren mit der Lipidschicht von Gehirnzellen interagieren und damit Alterungsprozesse wie Alzheimer positiv beeinflussen können. Übrigens gibt es in Grönland, wo täglich frischer Meeresfisch gegessen wird, fast keine Herzinfarkte!

Zutaten für 4 Portionen

EINGELEGTE MAKRELE IN SÜSS-SAUREM ZWIEBELSUD MIT ROSINEN UND PINIENKERNEN

3 rote Zwiebeln
4 EL Olivenöl
1 EL Zucker
50 ml Balsamico Bianco
150 ml Weißwein
200 ml Gemüsebrühe
40 g Rosinen
80 g geröstete Pinienkerne
8 frische Makrelenfilets, mit Haut, ohne Gräten
60 g Mehl
150 ml Olivenöl zum Ausbacken
Salz, Pfeffer
4–6 Zweige Estragon

1. Zwiebeln schälen, in feine Streifen schneiden und in heißem Olivenöl glasig dünsten. Zucker darüber streuen und leicht karamellisieren lassen.

2. Mit Balsamico und Weißwein ablöschen, Gemüsebrühe angießen und alles auf ein Drittel einkochen lassen. Rosinen und Pinienkerne unterrühren, dann abkühlen lassen.

3. Makrelenfilets gründlich waschen und mit Küchenpapier trockentupfen. Dann in Mehl wenden und in heißem Öl portionsweise ausbacken. Auf Küchenpapier abtropfen lassen. Mit Salz und Pfeffer würzen.

4. Estragon waschen und trocken schleudern. Bläter von den Stielen zupfen, grob hacken und unter die Marinade mischen. Diese über die gebackenen Makrelen gießen. Mit frischem Baguette servieren.

Zutaten für 4 Portionen

PÜREE VON WEISSEN BOHNEN MIT GEBRATENEM WOLFSBARSCH UND ORANGEN-THYMIAN-JUS

200 g getrocknete weiße Bohnenkerne
2 Zweige Thymian
1 Knoblauchzehe
100 ml Olivenöl
Salz, Pfeffer

2 EL geschlagene Sahne
8 Tranchen Wolfsbarschfilet à 60 g, mit Haut, ohne Gräten
Zesten von 1 Orange

150 ml frisch gepresster Orangensaft
50 g kalte Butter
2 EL frisch gehackter Thymian

GESUNDE KÜCHE

Weiße Bohnen enthalten nicht nur wertvolles Eiweiß und zahlreiche Phytochemicals, sondern auch Mineralien und Spurenelemente wie Eisen, Kalium, Phosphor, Magnesium, Kupfer, Mangan und Zink, die unterschiedlichste Schutzfunktionen besitzen.

1. Die Bohnenkerne über Nacht in kaltem Wasser einweichen. Dann in reichlich Wasser zusammen mit Thymianzweigen und der angedrückten Knoblauchzehe sehr weich kochen. Anschließend abseihen und mit 2/3 des Olivenöls im Mixer pürieren. Fertiges Püree mit Salz und Pfeffer kräftig würzen und mit geschlagener Sahne verfeinern. Warm halten.

2. Wolfsbarschstücke auf der Hautseite in restlichem Olivenöl etwa 5 Minuten braten. Dann wenden und mit den Orangenzesten auf der anderen Seite kurz anbraten. Dabei mit Salz und Pfeffer würzen.

3. Fischstücke aus der Pfanne nehmen und warm halten. Den Bratansatz mit Orangensaft ablöschen, etwas einkochen lassen, abschließend stückchenweise die Butter und den gehackten Thymian unterrühren.

4. Gebratene Wolfsbarschstücke auf dem Bohnenpüree anrichten und mit Orangen-Thymian-Jus beträufelt servieren.

Zutaten für 4 Portionen

IN FOLIE GEGARTE LACHS-FORELLE AUF KRÄUTERCREME

150 g gemischte Kräuter (z.B. Petersilie, Kerbel, Estragon, Schnittlauch, Kresse, Pimpernelle, Dill, Sauerampfer)
150 g Crème fraîche
3 EL Mayonnaise
1 TL Senf
Salz, Cayennepfeffer
Saft und Schale von 1 unbehandelten Zitrone
250 g kleine Kartoffeln
4 EL Olivenöl
2 Lachsforellenfilets à 300 g, ohne Haut und Gräten
Pfeffer aus der Mühle
30 g Butter
japanische Shiso-Kresse (ersatzweise Gartenkresse)
einige Blütenblätter zum Bestreuen (z.B. Kapuziner- oder Schnittlauchblüten, Veilchen)

1. Kräuter von den Stielen zupfen, waschen und trockenschleudern. 2/3 davon zusammen mit Crème fraîche, Mayonnaise und Senf in einem Mixer fein pürieren. Die Creme mit Salz, Cayennepfeffer und Zitronensaft abschmecken.

2. Kartoffeln gründlich waschen und in kochendem Salzwasser weich garen.

3. Den Ofen auf 160 °C vorheizen. Ein großes Stück Alufolie mit etwas Olivenöl beträufeln. Salz, Pfeffer und geriebene Zitronenschale gleichmäßig darauf streuen. Lachsforellenfilets darauf legen und mit Salz, Pfeffer und geriebener Zitronenschale würzen.

4. Etwas Olivenöl auf die Fischfilets träufeln und mit einem zweiten Stück Alufolie bedecken. Die beiden Folien an den Rändern gut verschließen. Den eingepackten Fisch in den Ofen geben und etwa 20 Minuten garen.

5. Gekochte Kartoffeln in aufschäumender Butter schwenken. Lachsforelle auspacken, in Stücke teilen und mit den Kartoffeln auf der Kräutercreme anrichten.

6. Restliche Kräuter, Kresse und einige Blütenblätter mit etwas Olivenöl, Salz und Pfeffer mischen und dekorativ um den Fisch verteilen.

Zutaten für 4 Portionen

THUNFISCHRÖLLCHEN MIT GURKE UND WASSERMELONE

400 g Thunfischfilet (Sushi-Qualität)
1/4 Wassermelone (ca. 400 g)
1 Salatgurke

ca. 50 g eingelegter Ingwer (Asialaden)
1 kleine rote Chilischote
3 EL Sojasoße

1 EL Reisessig
2 TL Zucker
5 EL Olivenöl

1. Thunfischfilet für etwa 1 Stunde in das Gefrierfach legen.

2. Melone zuerst in Scheiben und diese dann in etwa 8 cm lange Stifte scheiden. Eventuell vorhandene Kerne entfernen. Gurke waschen, der Länge nach vierteln, Kerne herausscheiden. Gurkenviertel ebenfalls in etwa 8 cm lange Stifte schneiden.

3. Thunfischfilet aus dem Gefrierfach nehmen und mit einem scharfen Messer oder mit Hilfe einer Aufschnittmaschine in dünne Scheiben schneiden. Filetscheiben mit je 2–3 Esslöffeln Melonen- und Gurkenstifte belegen und einrollen.

4. Chilischote in feine Ringe schneiden. Diese mit Sojasoße, Reisessig, Zucker sowie Olivenöl verrühren und zu den Röllchen servieren.

GESUNDE KÜCHE
Melonen sind reich an Mineralien und Spurenelementen. Sie wirken harntreibend und regen die Tätigkeit der Gallenblase an. Das Phytochemical Lycopin, dem die Frucht ihre rote Farbe verdankt, schützt vor Krebs und Herz-Kreislauf-Erkrankungen.

Fleisch

Zutaten für 4 Portionen

ASIATISCHE WOK-PFANNE MIT RINDERFILET UND GAMBAS

100 g Zuckerschoten
150 g Süßkartoffeln
4 Stangen Frühlingszwiebeln
1 Paksoi (Asialaden)
8 frische Mini-Maiskolben
100 g Shiitake-Pilze
400 g Rinderfilet
5 EL Sojasoße
1 EL Speisestärke
3 EL Sesamöl
8 Riesengarnelen, küchenfertig
80 g Thaispargel (Asialaden)
150 ml Gemüse- oder Geflügelbrühe
2–3 EL Sweet-Chili-Soße (Asialaden)
2 EL Austernsoße (Asialaden)
Salz, Chili aus der Gewürzmühle

1. Zuckerschoten putzen und diagonal halbieren. Süßkartoffeln schälen und in dünne Stifte schneiden. Frühlingszwiebeln putzen und in Stücke schneiden. Paksoi waschen und der Länge nach vierteln. Maiskölbchen der Länge nach halbieren. Shiitake-Pilze putzen und halbieren.

2. Rinderfilet in dünne Scheiben schneiden. 3 EL Sojasoße mit Speisestärke verrühren und über die Fleischscheiben gießen. Etwa 15 Minuten marinieren lassen.

3. Sesamöl in einem Wok erhitzen. Rinderfiletscheiben abtropfen lassen, dann scharf im heißen Öl beidseitig anbraten. Fleisch aus dem Wok nehmen, Riesengarnelen hineingeben und ebenfalls scharf anbraten. Thaispargel und die vorbereiteten Gemüsesorten zufügen und ca. 2 Minuten unter häufigem Wenden mit anbraten. Alles mit restlicher Sojasoße ablöschen, Brühe und Fleischmarinade dazugießen und untermischen.

4. Filetscheiben, Sweet-Chili- sowie Austernsoße unter das Gemüse heben und alles mit Salz und Chili abschmecken.

GESUNDE KÜCHE

Das aus dem Fernen Osten stammende Blattstielgemüse Paksoi, auch Pak-Choi oder chinesischer Senfkohl genannt, hat u. a. einen hohen Gehalt an Kalzium und Kalium. Zu seinen Inhaltsstoffen gehören auch Senföle, die antibiotisch und keimtötend wirken und einen erhöhten Cholesterinspiegel senken können.

Rindfleisch

Längst hat sich herumgesprochen, dass bei gesunder Ernährung Fleisch nicht jeden Tag auf dem Speiseplan stehen sollte. In Maßen genossen (ein- bis zweimal in der Woche), möglichst fettarm und aus ökologischer, artgerechter Tierhaltung stammend, ist Rindfleisch jedoch ein wertvolles Nahrungsmittel. Es enthält wichtige Mineralien und Spurenelemente, wie zum Beispiel Eisen, das unser Organismus besonders gut aufnehmen und verwerten kann, viele Vitamine, vor allem aus der B-Gruppe, und ist reich an essentiellen Aminosäuren, die für körperliche und geistige Leistungskraft unverzichtbar sind. Zuletzt ein Rat: Biofleisch ist zwar teurer als die oft im Supermarkt angebotene Massenware, aber es schmeckt unvergleichlich besser!

Zutaten für 4 Portionen

TOMATEN-CARPACCIO MIT VANILLE-DRESSING UND GEGRILLTEM HÜHNCHEN

Saft und Zesten von 2 unbehandelten Zitronen
3 EL Zucker
Mark von 2 Vanilleschoten
8 EL Olivenöl
Salz, Pfeffer
1 rote Zwiebel
6 reife Tomaten
50 g geröstete Pinienkerne
4 Hühnchenbrüste (à 150 g)

1. Zitronensaft und Zesten zusammen mit Zucker und ausgekratztem Vanillemark aufkochen. Sirup mit 5 EL Olivenöl verquirlen. Dressing mit Salz und Pfeffer abschmecken.

TIPP
Besonders schön ist dieses Gericht, wenn Sie unterschiedlich große und verschiedenfarbige Tomatensorten verwenden.

2. Zwiebel schälen und in Streifen schneiden. Tomaten waschen, Stielansätze entfernen. Fruchtfleisch in dünne Scheiben schneiden. Vier Teller mit den Tomatenscheiben auslegen, Zwiebelstreifen und Pinienkerne darauf verteilen.

3. Hühnchenbrüste mit 2 EL Olivenöl bepinseln. Mit Salz und Pfeffer würzen und auf einem heißen Holzkohlegrill oder in einer Grillpfanne auf jeder Seite etwa 6 Minuten braten.

4. Hühnchenbrüste in Stücke schneiden, auf dem Tomaten-Carpaccio anrichten und das Ganze mit lauwarmem Vanille-Dressing übergießen.

Tomaten

Tomaten sind zum Inbegriff eines in Treibhäusern gezogenen, nahezu geschmacksneutralen Nahrungsmittels geworden. Zum Glück kommen inzwischen wieder in der Sonne gereifte und damit wohlschmeckende „Paradiesäpfel“ auf den Markt. Die Tomate enthält mehrere Tausend Phytochemicals, vor allem Lycopin, das für die rote Farbe verantwortlich ist. Diese stärkste antioxidativ wirksame Substanz der Carotinoide wird beim Kochen freigesetzt und in Verbindung mit etwas Öl am besten verwertet. Wie Studien gezeigt haben, geht ein hoher Gehalt an Lycopin mit einer Verringerung von Herz-Kreislauf-Erkrankungen einher. Besonders hoch konzentriert ist die vor Krebs schützende Substanz übrigens in Bio-Ketchup.

Zutaten für 4 Portionen

LAMMFILETS IM BROTMANTEL MIT ZUCCHINI-MINZE-SALAT UND SCHARFEM JOGHURT-DIPP

4 mittelgroße Zucchini
2 Knoblauchzehen
6 EL Olivenöl
Salz, Pfeffer
1 Bund Minze

2 EL Weißweinessig
1 EL Honig
1 Chiabattabrot
8 Lammfilets (à ca. 50 g)
50 g Butterschmalz

3 EL geröstete Pinienkerne
250 g griechischer Joghurt
1–2 TL Döner-Gewürz (getrocknete Chiliflocken)

GESUNDE KÜCHE

Die zur Familie der Kürbisgewächse zählenden Zucchini sind reich an Beta-Carotin und Vitamin C, die zur Stärkung des Immunsystems beitragen. Das mineralienreiche Gemüse ist ausgesprochen kalorienarm und leicht verdaulich.

1. Zucchini waschen, trockentupfen und in schräge dünne Scheiben schneiden. Knoblauch schälen, durch eine Presse drücken und in 3 EL heißem Olivenöl anschwitzen. Zucchinischeiben zufügen und mitbraten. Dabei mit Salz und Pfeffer würzen. Gemüse in eine Schüssel umfüllen.

2. Minze abbrausen, trockenschütteln, die Blätter abzupfen und zu den gebratenen Zucchini in die Schüssel geben. Essig, restliches Olivenöl und Honig über Gemüse und Minze gießen und alles locker miteinander mischen.

3. Vom Chiabattabrot der Länge nach 8 ca. 2 mm dünne Scheiben abschneiden. Dies geht am besten mit einer Aufschnittmaschine. Lammfilets abbrausen, trockentupfen und mit Salz und Pfeffer rundum würzen. Dann je ein Filet mit einer Brotscheibe umwickeln.

4. Umwickelte Lammfilets in heißem Butterschmalz langsam rundum goldbraun und knusprig braten. Auf Küchenpapier abtropfen lassen und mit dem Zucchini-Minze-Salat anrichten. Mit Pinienkernen bestreuen.

5. Joghurt mit Döner-Gewürz verrühren und zu Lammfilets und Salat servieren.

Zutaten für 4 Portionen

LAMMSCHNITZEL IN MEDITERRANER KRÄUTERPANADE MIT BUNTEM BOHNENSALAT

50 g getrocknete weiße Bohnen
150 g breite Stangenbohnen
100 g Keniabohnen
100 g gelbe Bohnen
100 g Saubohnenkerne
2 Schalotten
1 Knoblauchzehe
8 Kirschtomaten

6–7 EL Olivenöl
3 EL Balsamico Bianco
1/2 Bund Bohnenkraut
1 TL Senf
Salz, Pfeffer
je 2 Zweige glatte Petersilie, Thymian, Rosmarin
4 Scheiben Toastbrot

600 g Lammrückenfilet, ohne Haut und Sehnen
50 g Mehl
2 Eier
80 g Butterschmalz

1. Getrocknete Bohnenkerne über Nacht in Wasser einweichen. Am nächsten Tag die Kerne in kochendem Wasser weich garen. Anschließend abgießen. Stangenbohnen, Keniabohnen und gelbe Bohnen putzen und in Stücke schneiden. Diese zusammen mit den geschälten Saubohnenkernen in kochendem Salzwasser bissfest blanchieren. Dann in Eiswasser abschrecken.

2. Schalotten und Knoblauch schälen und fein würfeln. Zusammen mit den Kirschtomaten und 2 EL Olivenöl in eine Pfanne geben und kurz andünsten. Das Ganze mit Balsamico ablöschen und mit den vorbereiteten Bohnen in eine Schüssel geben.

3. Bohnenkraut von den Stielen zupfen und hacken. Zusammen mit Senf und restlichem Olivenöl zu den Bohnen geben, gut durchmischen und den Salat mit Salz und Pfeffer abschmecken. Einige Minuten durchziehen lassen.

4. Kräuter abbrausen, trockenschütteln, Blätter von den Stielen zupfen und mit gewürfeltem Toastbrot in einer Küchenmaschine fein zermahlen. Lammrückenfilet in 8 etwa 3 cm dicke Stücke schneiden. Diese zwischen zwei geölten Folien dünn plattieren. Die Schnitzel salzen und pfeffern, in Mehl wenden, durch verquirltes Ei ziehen und in den Kräuterbröseln panieren.

5. Lammschnitzel in heißem Butterschmalz von beiden Seiten goldbraun ausbacken, auf Küchenpapier abtropfen lassen und mit dem bunten Bohnensalat anrichten.

Zutaten für 4 Portionen

KRÄUTER-RINDERROULADE AUF BUNTEN GEMÜSE-PARPADELLE

1/2 Bund Petersilie
1/2 Bund Oregano
500 g Rinderfilet, Mittelstück
1 EL Senf
Salz, Pfeffer
2 EL Butterschmalz
100 ml roter Portwein
150 ml Rotwein
200 ml Rinderbrühe
2 Zucchini
1 große Karotte
1 Pastinake
250 g Parpadelle (Bandnudeln)
1 EL Zucker
1 TL Speisestärke
50 g kalte Butter
4 EL Olivenöl

1. Kräuter waschen, trockenschütteln, Blätter von den Stielen zupfen und fein hacken.

2. Rinderfilet längs aufschneiden und flach klopfen. Gleichmäßig mit Senf bestreichen und mit den Kräutern bestreuen. Das Filet zu einer Roulade aufrollen, mit Küchengarn zusammenbinden und rundum mit Salz und Pfeffer würzen.

3. Ofen auf 150 °C vorheizen. Roulade in heißem Butterschmalz von allen Seiten scharf anbraten, dann aus der Pfanne nehmen. Bratensatz mit Portwein und Rotwein ablöschen, dann die Rinderbrühe angießen. Die Rinderroulade in die Soße geben und im Ofen auf der mittleren Schiene etwa 30 Minuten garen.

4. In der Zwischenzeit geputzte Zucchini, Karotte und Pastinake mit einem Sparschäler in dünne Streifen schneiden. Parpadelle in kochendem Salzwasser bissfest garen, abschütten und abtropfen lassen.

5. Fertig gegarte Rinderroulade aus der Soße nehmen und in Folie gewickelt ruhen lassen. Zucker in einem kleinen Topf karamellisieren, Soße dazugießen und etwas einkochen lassen. Anschließend mit angerührter Speisestärke binden. Butter stückchenweise unterrühren.

6. Gemüsestreifen in Olivenöl anbraten, Parpadelle dazugeben und untermischen. Dabei mit Salz und Pfeffer würzen.

7. Küchengarn von der Roulade entfernen, diese in dicke Scheiben schneiden und mit den Gemüse-Parpadelle und der Soße servieren.

Olivenöl

Das aus den Mittelmeerländern stammende grünlich gelb oder goldgelb leuchtende Öl ist schon lange für seine positive Wirkung auf die Gesundheit bekannt. Da wäre zum einen die günstige Zusammensetzung von einfach und mehrfach ungesättigten Fettsäuren zu nennen, die nachgewiesenermaßen einen effektiven Schutz vor Herzinfarkt und Krebs darstellt und auch zur Senkung des Cholesterinspiegels beiträgt. Zum anderen enthält Olivenöl Phytochemicals, die für den einzigartigen Geschmack und das Aroma sorgen, aber auch schädliche Prozesse in unserem Organismus verhindern. Beim Einkauf immer darauf achten, dass das Öl die Bezeichnung „nativ" oder „kaltgepresst" trägt, denn nur dann können seine gesundheitsfördernden Eigenschaften ihre volle Kraft entfalten.

Zutaten für 4 Portionen

LAMMCAREE MIT OLIVENKRUSTE AUF SCHMORGEMÜSE

100 g getrocknete weiße Bohnenkerne
8 kleine Karotten
8 breite Stangenbohnen
2 Stangen Staudensellerie
3 Petersilienwurzeln
4 Frühlingszwiebeln
12 kleine Kartoffeln
Salz, Pfeffer
150 ml Geflügelbrühe
2 Zweige glatte Petersilie
1 Zweig Salbei
1 Zweig Rosmarin
3 Scheiben Toastbrot
50 g weiche Butter
2 EL schwarzes Olivenpüree
2 Lammcarees (à 400 g)
3 EL Olivenöl

1. Bohnenkerne über Nacht in kaltem Wasser einweichen. Dann in kochendem Wasser in etwa 30 Minuten weich garen. Anschließend abschütten.

2. Ofen auf 180 °C vorheizen. Gemüse putzen, schälen und je nach Größe in kleine Stücke schneiden oder halbieren. Alles zusammen in eine Schmorpfanne geben und mit Salz und Pfeffer kräftig würzen. Brühe angießen und die Pfanne für 30 Minuten in den Ofen schieben. Danach die gekochten Bohnenkerne untermischen.

3. Kräuter abbrausen, trockenschütteln und Blätter abzupfen. Toast würfeln und mit den Kräutern im Mixer fein mahlen. Butter mit Olivenpüree glatt rühren. Die Kräuterbrösel untermischen.

4. Lammcarees mit Salz und Pfeffer würzen und in heißem Olivenöl anbraten. Fleisch auf das Schmorgemüse setzen und mit Olivenkrustenmasse bestreichen. Das Ganze nochmals für etwa 15 Minuten in den Ofen schieben.

5. Lammcarees teilen und mit dem Gemüse servieren.

GESUNDE KÜCHE
Sellerie weist einen hohen Gehalt an Kalzium auf, das die Knochen kräftigt. Ätherische Öle, denen sowohl Stangen als auch Knollen ihren würzigen Geruch und Geschmack verdanken, haben positiven Einfluss auf den Blutdruck, hemmen Pilze und Bakterien und wirken antioxidativ.

Zutaten für 4 Portionen

POCHIERTES KALBSFILET IM KRÄUTERMANTEL MIT MORCHELN UND BAND-NUDELN

50 g gemischte Kräuter (z. B. Petersilie, Kerbel, Estragon, Bärlauch, Dill)
500 g Kalbsfilet, ohne Haut und Sehnen
Salz, Pfeffer

4 EL Olivenöl
300 g Morcheln
2 Schalotten
50 ml Weinbrand
200 ml Kalbsfond
100 ml Sahne

50 g kalte Butter
gekochte Band-nudeln als Beilage

TIPP
Anstelle von frischen Morcheln können Sie auch getrocknete nehmen. Dann reicht bereits eine Menge von 50 g. Statt Kalbsfond das Einweichwasser verwenden.

1. Kräuter abbrausen, trockenschütteln, Blätter von den Stielen zupfen und fein hacken.

2. Kalbsfilet rundum kräftig mit Salz und Pfeffer würzen und mit 2 EL Olivenöl einreiben. Dann in den gehackten Kräutern wälzen, so dass diese das Fleisch gleichmäßig ummanteln. Das Filet zuerst in Klarsichtfolie und dann straff in Alufolie wickeln. Eingepacktes Filet in einen Topf mit siedendem Wasser (etwa 85 °C heiß) geben und darin etwa 20 Minuten garen. Anschließend ca. 5 Minuten ruhen lassen.

3. In der Zwischenzeit Morcheln gründlich putzen. Schalotten schälen, fein würfeln und in restlichem Olivenöl anschwitzen. Morcheln zufügen, kurz mitdünsten, dann mit Weinbrand ablöschen und mit Kalbsfond und Sahne auffüllen. Soße etwas einkochen lassen, Butter stückchenweise unterrühren und mit Salz und Pfeffer abschmecken.

4. Kalbsfilet aus der Folie wickeln, in etwa 3 cm breite Scheiben schneiden und mit gekochten Nudeln und Morchel-Rahm servieren.

Desserts

Zutaten für 4 Portionen

MELONEN-JOGHURT-CREME MIT HIMBEEREN

2 reife Charentais-Melonen
2 EL Puderzucker
Saft von 1–2 Zitronen
50 ml Melonenlikör
250 g Naturjoghurt
400 g frische Himbeeren
frische Minze und Waffelröllchen zum Garnieren
Puderzucker zum Bestäuben

1. Die Melonen rundum zickzackförmig einschneiden und so halbieren. Das Kerngehäuse mit einem Löffel entfernen. Das Fruchtfleisch aus den Melonenhälften auskratzen.

2. Melonenfleisch mit Puderzucker, Zitronensaft, Melonenlikör und Joghurt in einem Mixer fein pürieren.

3. Himbeeren in die vier ausgehöhlten Melonenhälften verteilen, diese auf zerstoßenem Eis anrichten. Melonen-Joghurt-Creme in die Melonen gießen. Mit gezupfter Minze und Waffelröllchen garnieren und mit Puderzucker bestäuben.

Beeren

Sommerzeit ist Beerenzeit – und das sollte man nutzen, um seinem Körper viel Gutes zu tun. Alle Beerensorten weisen eine Vielzahl von Phytochemicals, vor allem Flavonoide, auf. Diese behindern die Bildung von freien Radikalen, die für die Entstehung von Krebs, Herzerkrankungen und den Alterungsprozess verantwortlich gemacht werden. Flavonoide verhindern zudem die Bindung von krebserregenden Hormonen an Zellen. Beeren enthalten auch viel Ellagsäure, die antioxidativ wirkt. Heidelbeeren, die kleinen blauen Diamanten, haben einen höheren Gehalt an Antioxidantien als jede andere Frucht und Gemüsesorte. Um sich mit Vitaminen und Mineralstoffen zu versorgen, ist Beerenobst ebenfalls hervorragend geeignet.

Zutaten für 4–6 Portionen

MOUSSE VON ZARTBITTER-SCHOKOLADE MIT SAUERKIRSCHRAGOUT

200 g Zartbitter-schokolade
5 Eier
Salz
175 g Zucker
1 Päckchen Vanille-zucker
125 ml geschlagene Sahne
2–3 EL Kirschgeist
250 ml Sauerkirsch-saft
Mark von 1 Vanille-schote
1 Zimtstange
3 Sternanis
1 TL Speisestärke
Saft von 1/2 Zitrone
400 g entsteinte Sauerkirschen
gehobelte weiße Schokolade zum Bestreuen

1. Zartbitterschokolade klein hacken und in einer Schüssel über einem heißen Wasserbad schmelzen.

2. Eier trennen. Eiweiß mit einer Prise Salz zu steifem Schnee schlagen. Dabei langsam 100 g Zucker einrieseln lassen. Eigelb mit Vanillezucker schaumig schlagen. Flüssige Schokolade unterrühren, dann zuerst die geschlagene Sahne, danach sofort den Eischnee unterheben. Mousse in eine Schüssel umfüllen, glatt streichen und zugedeckt für etwa 3 Stunden in den Kühlschrank stellen.

3. In der Zwischenzeit den restlichen Zucker hellbraun karamellisieren lassen, mit Kirschgeist ablöschen und mit Sauerkirschsaft auffüllen. Gewürze zufügen und bei schwacher Hitze etwa 15 Minuten kochen lassen.

4. Kirschsoße durch ein Sieb gießen, mit in etwas kaltem Wasser angerührter Speisestärke binden und mit Zitronensaft abschmecken. Entsteinte Sauerkirschen in die Soße geben und in tiefe Teller verteilen. Je 2 Nocken Schokoladenmousse darauf geben und mit gehobelter weißer Schokolade bestreut servieren.

Schokolade

Das Wort Schokolade stammt von dem Namen des ersten kakaohaltigen Getränks, dem Xocolatl. Die Mayas und Azteken glaubten an seine Heilwirkung und nutzten es bei einer Vielzahl von Erkrankungen wie Fieber und Verdauungsprobleme. Ob Schokolade auch glücklich macht, kann wohl nur jeder für sich selbst entscheiden. Rein physisch gesehen sorgt sie auf jeden Fall dank der in ihr enthaltenen Flavonoide (Polyphenole) für ein gesundes Herz. Dazu eine Faustregel: Je dunkler die Schokolade, desto größer ist ihr Gehalt an Antioxidantien, die vor Zellalterung und entzündlichen Prozessen schützen. Keine Frage, in der süßen Verführung verstecken sich auch Fette, die aber nicht den Cholesterinspiegel erhöhen. Trotz aller Vorzüge: Schokolade ist ein Genuss- und kein Nahrungsmittel. Gesunde Küche jedoch ist ohne Genießen undenkbar!

Zutaten für 4 Portionen

WARMES SCHOKOLADEN-SABAYON MIT INGWER UND EISIGEM KOKOSSCHNEE

2 Blatt Gelatine
50 ml Kokoslikör
100 g Zucker
200 ml ungesüßte Kokosmilch
4 Eier
Salz
100 g Zartbitter-schokolade
30 g frischer Ingwer
150 ml Milch

1. Gelatine etwa 5 Minuten in kaltem Wasser einweichen. Kokoslikör zusammen mit 50 g Zucker erhitzen, Gelatine ausdrücken und darin auflösen. Dies unter die Kokosmilch rühren.

2. Eier trennen. Eigelb für das Sabayon reservieren, Eiweiß mit einer Prise Salz zu festem Schnee schlagen.

3. Kokosmilch auf Eis so lange rühren, bis sie leicht zu gelieren beginnt. Dann den Eischnee behutsam unterheben. Masse in eine mit Klarsichtfolie ausgekleidete Form füllen und für etwa 3 Stunden in das Gefrierfach stellen.

4. Schokolade zerkleinern, Ingwer schälen und fein reiben. Milch mit restlichem Zucker und geriebenem Ingwer erhitzen, zerkleinerte Schokolade nach und nach dazugeben und darin auflösen.

5. Reserviertes Eigelb in einer Schüssel mit der Schokoladen-Milch verrühren und über einem heißen Wasserbad schaumig aufschlagen.

6. Kokosschnee aus dem Gefrierfach nehmen, aus der Form stürzen und in Scheiben schneiden. Mit warmem Schokoladen-Sabayon servieren.

Zutaten für 4 Portionen

KOKOS-PANNA-COTTA MIT GESCHNETZELTEM VON MANGO UND PAPAYA

3 Blatt Gelatine
400 ml ungesüßte Kokosmilch
2 EL Zucker
50 ml Kokoslikör

1 Mango
2 Papayas
1 unbehandelte Limone
3 EL Erdnussöl

80 ml Pflaumenwein
150 ml Maracujasaft
1 TL Speisestärke

1. Gelatine in kaltem Wasser etwa 5 Minuten einweichen. Kokosmilch mit Zucker bei mittlerer Hitze 5 Minuten köcheln lassen. Kokoslikör unterrühren, Gelatine gut ausdrücken und in der heißen Kokosmilch auflösen. Die Mischung in 4 Portionsförmchen füllen und für 3 Stunden kühl stellen.

2. Mango und Papayas schälen. Das Fruchtfleisch der Mango am Stein entlang herunterschneiden. Papayas halbieren, Kerne mit einem Löffel herauskratzen. Mango und Papayas in Spalten schneiden. Die Schale der Limone mit einem Sparschäler dünn herunterschälen und in feine Streifen schneiden. Den Saft auspressen.

3. Öl erhitzen, Limonenstreifen anschwitzen, Mango- und Papayaspalten zufügen und kurz mitbraten. Das Geschnetzelte mit Pflaumenwein ablöschen, Maracujasaft dazugießen und alles mit angerührter Speisestärke binden und mit Limonensaft abschmecken.

4. Kokos-Panna-Cotta vorsichtig aus den Förmchen stürzen, mit dem warmen Geschnetzelten anrichten und servieren.

Papaya

Die länglich-ovale, bis zu einem Pfund schwere Frucht hat, wenn sie bei uns auf den Markt gelangt, eine lange Reise hinter sich, da sie in den Tropen und Subtropen angebaut wird. Die Papaya unterstützt die Bildung von Antioxidantien und enthält das eiweißspaltende Enzym Papain, das den Stoffwechsel anregt und die Verdauung fördert. Dies gilt auch für ihre essbaren Kerne. In den Herkunftsländern werden sie übrigens von den Frauen zur Linderung von Menstruationsbeschwerden empfohlen. Außerdem liefert die Papaya Phytochemicals wie Beta-Carotin und Bioflavonoide, zahlreiche Vitamine, Mineralstoffe und den Botenstoff Serotin, der für gute Laune sorgt.

Zutaten für 4 Portionen

WARME RHABARBER-CONSOMMÉ MIT HOLUNDERBLÜTEN-SORBET

750 ml Weißwein (Riesling)
100 ml Holunderblütensirup
Saft von 1 Zitrone
2 Eiweiß

500 g Rhabarber
150 g Zucker
250 g Erdbeeren
2 Pfirsiche
Puderzucker zum Bestäuben

1. 300 ml Wein mit Holunderblütensirup, Zitronensaft und Eiweiß verrühren und in einer Eismaschine cremig-fest gefrieren lassen.

2. Rhabarber waschen und klein würfeln. Zusammen mit restlichem Wein und Zucker in einen Topf geben, einmal aufkochen, dann bei schwacher Hitze 30 Minuten ziehen lassen.

3. In der Zwischenzeit Erdbeeren putzen, waschen und je nach Größe halbieren oder vierteln. Pfirsiche halbieren, Kerne entfernen, Fruchtfleisch in kleine Würfel schneiden. Beides mischen und in tiefe Teller verteilen.

4. Rhabarber-Consommé durch ein Tuch pressen und warm zu den Erdbeer- und Pfirsichstückchen in die tiefen Teller gießen. Je eine große Kugel Sorbet darauf setzen, mit Puderzucker bestäuben und sofort servieren.

TIPP
Sollten Sie keine Eismaschine haben, lassen Sie das Sorbet einfach im Tiefkühlfach gefrieren. Dafür den Wein mit Sirup und Zitronensaft mischen, flach in ein Gefäß gießen und unter gelegentlichem Umrühren etwa 2 Stunden anfrieren lassen. Dann das Eiweiß steif schlagen, unter das angefrorene Sorbet rühren und nochmals 1 Stunde gefrieren lassen.

MEDIZINISCHE FACHBEGRIFFE RUND UM DAS THEMA GESUNDE ERNÄHRUNG

Antioxidantien: Schützen den Organismus vor dem Einfluss toxischer Sauerstoffprodukte. Diese werden für zahlreiche chronische Erkrankungen (u. a. Krebs) und für den Alterungsprozess verantwortlich gemacht. Neben Vitaminen und Mineralstoffen sind →Phytochemicals starke Antioxidantien. Siehe auch ***Freie Radikale*** und ***Oxidation***.

Anthocyane: Wasserlösliche Pflanzenfarbstoffe, die in allen höheren Pflanzen vorkommen. Sie schützen die Pflanze vor UV-Licht und wirken im menschlichen Körper antioxidativ.

Beta-Carotin: Gehört zur Familie der → Carotinoide (Naturfarbstoffe), die z. B. der Karotte die typische Farbe verleihen. Beta-Carotin ist die Vorstufe von Vitamin A. Reduziert bei Nichtrauchern und Nichttrinkern gewisse Tumoren, kann allerdings bei Rauchern und Trinkern die Bildung von Tumoren wahrscheinlich fördern.

Beta-Glucane: Faserstoffe, die u. a. in Pilzen und vor allem in Hefe enthalten sind. Sie stärken die Immunabwehr und reduzieren den Cholesterinspiegel im Blut. Siehe auch ***Cholesterin***.

Carotinoide: Etwa 600 chemisch verschiedene Substanzen in Pflanzen, die zu den →Phytochemicals zählen. Sie wirken als → Antioxidantien, zerstören → freie Radikale, stärken das Immunsystem und senken das Risiko für diverse Krebsarten.

Cholesterin: Ein lebensnotwendiger Bestandteil der meisten Zellen und Gewebe, vor allem in Gehirn, Nervensystem, Leber, Geschlechtsorganen und im Blut, die der Körper zum größten Teil selbst herstellt und in geringerem Maße mit der Nahrung aufnimmt. Cholesterin ist nur gefährlich, wenn es sich in Herz und Gefäßen anlagert. Siehe auch ***HDL*** und ***LDL***.

Dopamin: Ein wichtiger Botenstoff im Gehirn, der für eine Vielzahl von Regulations- und Steuermechanismen im Körper verantwortlich ist.

Ellagsäure: Kommt vor allem in Beeren (Erdbeeren, Brombeeren) und Nüssen, aber auch in Rotwein vor. Ihr wird eine krebsvorbeugende Wirkung zugesprochen.

Flavonoide: Gehören zu den →Polyphenolen (Phytochemicals) und sind als Farbstoff in fast allen Obst- und Gemüsearten enthalten. Sie können u.a. vor Herz-Kreislauf-Erkrankungen schützen, zur Vorbeugung von Krebs beitragen und die Blutgerinnung regulieren.

Folsäure: Ein Vitamin aus dem B-Komplex, das reichlich in grünem Blattgemüse (z.B. Spinat, Brokkoli), aber auch in Nüssen vorhanden ist. Wichtig zur Verhinderung von Herz-Kreislauf-Erkrankungen, da es den Gehalt an der giftigen Aminosäure →Homocystein im Blut senkt.

Freie Radikale: Natürliche Stoffwechselprodukte, die bei überhöhter Konzentration Zellen schädigen, Eiweißstrukturen zerstören und die Erbsubstanz verändern können. Äußere Einflüsse wie Umweltbelastungen oder Rauchen verstärken einen Angriff dieser Sauerstoffverbindungen. Siehe auch ***Antioxidantien*** und ***Oxidation***.

Glucosinulate: Phytochemicals, durch deren Spaltung ätherische Öle entstehen. U.a. Kresse, Meerrettich und Radieschen verdanken ihnen ihre Schärfe. Sie tragen zur Abwehr von Infektionskrankheiten bei.

HDL: Ein Lipoprotein (Kombination aus Fett und Eiweiß). Das „gute" Cholesterin, da es Fett aus den Gefäßwänden abtransportiert und somit deren Verfettung verhindert. Siehe auch ***Cholesterin*** und ***LDL***.

Helicobacter pylori: Ein Bakterium, das u.a. in der Magenschleimhaut vorkommt und für die Entstehung von Magengeschwüren verantwortlich ist. Es ist ein wesentlicher Risikofaktor für das Magenkarzinom. Das im Brokkoli enthaltene →Sulphoraphan wirkt auch gegen Helicobacter.

Homocystein: Eine schwefelhaltige Aminosäure (Eiweißbaustein), die vom Körper selbst gebildet wird und mit Hilfe der Vitamine B6 und B12 sowie →Folsäure abgebaut werden muss. Ein erhöhter Gehalt von Homocystein im Blut geht mit einer erhöhten Rate von Herz-Kreislauf-Erkrankungen einher.

Isoflavone: Organische Moleküle in Pflanzen (vor allem Soja), die chemisch eine den männlichen und weiblichen Geschlechtshormonen ähnliche Struktur haben. Sie werden deshalb auch →Phytoöstrogene genannt.

LDL: Ein Lipoprotein (Kombination aus Fett und Eiweiß). Das „schlechte" Cholesterin, da es Fett in die Wände der Herzkranzgefäße transportiert. Vor allem das oxidierte LDL wirkt schädigend. Siehe auch ***Cholesterin*** und ***HDL***.

Lignane: Zählen zu den →Phytoöstrogenen, haben wie die →Isoflavone eine chemisch strukturelle Ähnlichkeit zu den Geschlechtshormonen und besitzen eine schwache östrogenartige Wirkung. Kommen u.a. in Bohnen, Getreide und Leinsamen vor. Sie stabilisieren den Blutzucker und wirken cholesterinsenkend.

Lycopin: Ein →Carotinoid, dem Tomaten und andere rote Gemüsesorten ihre Farbe verdanken. Es schützt die Zellen vor schädlichen → Oxidationsprozessen und mindert das Risiko für verschiedene Krebserkrankungen.

Omega-3-Fettsäuren: Eine spezielle Gruppe der ungesättigten Fettsäuren, die der menschliche Organismus nicht selbst herstellen kann. Sie werden auch als „Vitamin F" bezeichnet. Kommen in fetten Meeresfischen, aber auch z.B. in Leinsamen, Soja- und Rapsöl vor. Sie sind wichtig für viele biologische Funktionen. Siehe auch ***Ungesättigte Fettsäuren***.

Oxidation: Lebensnotwendiger Stoffwechselprozess, bei dem eine Substanz oder Verbindung mit Sauerstoff in Berührung gerät und Energie freigesetzt wird. Dabei entstehen → freie Radikale. Eine Überproduktion bzw. zu hohe Konzentration dieser Moleküle führt zu „oxidativem Stress". Siehe auch ***Antioxidantien***.

Phenole: Siehe ***Polyphenole***.

Phytochemicals: Chemische Stoffe, die in Pflanzen vorkommen und diese selbst gesund erhalten sowie vor schädlichen Einflüssen (UV-Strahlung, Infektionen usw.) schützen. Sie haben eine eminent wichtige Bedeutung für die Gesundheit des Menschen und sollten daher so oft wie möglich (optimal fünfmal pro Tag) in natürlicher Form und nicht als Nahrungsergänzungsmittel zugeführt werden. Phytochemicals werden auch „sekundäre Pflanzenstoffe" genannt.

Phytoöstrogene: Den weiblichen Geschlechtshormonen chemisch ähnliche Substanzen, die zu den Phytochemicals gehören. Sie kommen vor allem in Sojabohnen, aber auch u.a. in Kartoffeln, Zwiebeln und Äpfeln vor. Senken das Arteriosklerose-Risiko, wirken als →Antioxidantien und schützen vor hormonbedingten Krebsarten. Siehe auch ***Isoflavone***.

Polyphenole: Aromatische, bioaktive Substanzen, die verschiedenen Pflanzen Farbe und Geschmack geben. Sie wirken entzündungshemmend und krebsvorbeugend und schützen vor Arterienverkalkung. Sind in einer Vielzahl von Früchten und Gemüsearten enthalten.

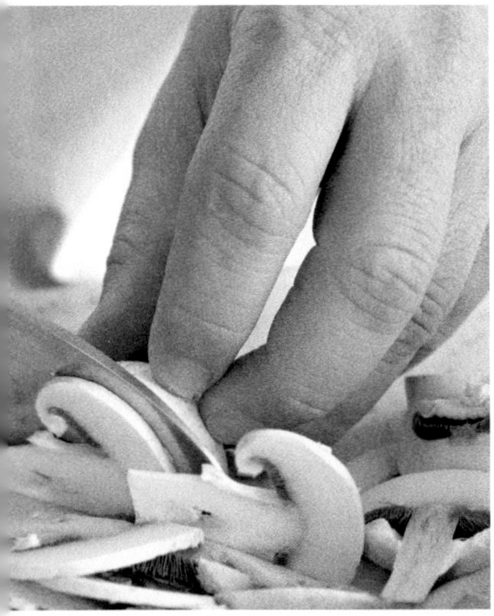

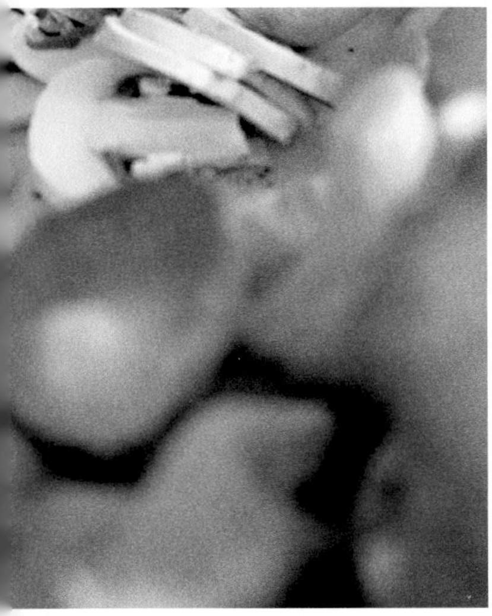

Saponine: Phytochemicals, die u. a. in Spinat, Linsen, Bohnen, Erbsen, Soja und Knoblauch enthalten sind. Sie hemmen schädliche Bakterien und Viren, stärken das Immunsystem und senken den Cholesterinspiegel.

Sekundäre Pflanzenstoffe: Siehe ***Phytochemicals***.

Selen: Ein chemisches Element, das im Organismus nur in Spuren vorkommt. Ohne Selen ist Leben nicht möglich. Es spielt eine wichtige Rolle als →Antioxidans und schützt die Zellwände vor → oxidativer Zerstörung. Eine wichtige Selenquelle ist Knoblauch.

Serotonin: Ein Botenstoff mit vielfältiger Wirkung im Herz-Kreislauf-, Zentralnerven- und Darmnervensystem.

Sulphide: Phytochemicals, denen Zwiebelgewächse wie Lauch, Gemüsezwiebeln, Schnittlauch und Knoblauch ihre Schärfe und den Geschmack verdanken. Sie regen u. a. die Verdauung an, beugen Krebs vor, wirken cholesterinsenkend und antioxidativ.

Sulphoraphan: Ein starkes Antioxidationsmittel, das hauptsächlich in Brokkoli und Kohl vorkommt und vor Krebs, aber auch Infektionen schützt.

Terpene: Eine große Gruppe unterschiedlicher chemischer Verbindungen, die Hauptbestandteile der von Pflanzen produzierten ätherischen Öle sind.

Ungesättigte Fettsäuren: Fettsäuren, die chemisch entweder eine (einfach ungesättigte) oder mehrere (mehrfach ungesättigte) Doppelbindungen zwischen den Kohlenstoffatomen in ihrer Molekülkette enthalten. Sie sind lebensnotwendige Fettsäuren, da sie der Körper nicht selbst herstellen kann (essentielle Fettsäuren), und spielen eine wichtige Rolle im menschlichen Stoffwechsel.

REGISTER